STICKER DICH SCHLAU!

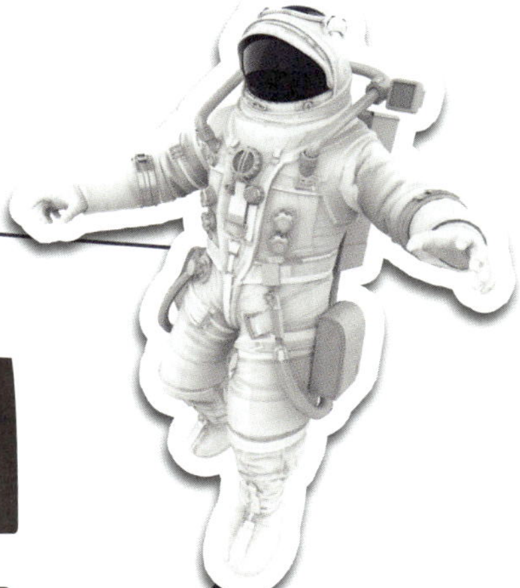

# WELTRAUM

## Lesen, wissen, rätseln



Text von **Dr. Andreas Müller**
Illustrationen von **Pascal Nöldner**

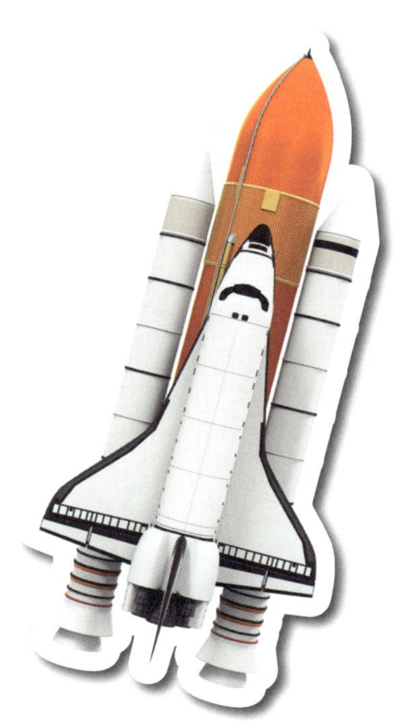

circon

## BILDNACHWEIS

dpa Picture Alliance, Frankfurt: picture alliance / abac 9 u.; ESA: 33 u.; ESA/Hubble & Digitized Sky Survey 2. Acknowledgment: Davide De Martin (ESA/Hubble) 36; Magneticum Pathfinder Simulation, Klaus Dolag, Universitäts-Sternwarte, München: 37 o.; Müller, Andreas: S. 21 o., 26 u.; NASA: 8 o., 9 o., 10 o. + u., 11 o., 19 u., 37 u.; NASA, ESA, HST: 27 o. + u.; NASA, Galileo: 32 o.; NASA, SDO: 26 o.; NASA, Viking-Mission: 52 M.; shutterstock. com: Kdshutterman 15 o., Daryaart9 15 u., 19 Studio 22, Supza 23 o., 28, Vadim Sadovski 23 u. K.Yas 29, 48 u., 60, Esteban De Armas 32 u., AstroStar 38, Thebirdss 39, Nadya_Art 39, LuckyVector 39, Alfmaler 39, Dima Zel 48 o., 49, ixpert 52 o.; Vector Tradition 61 o. + u.; Rätsel-Sticker: Lukasz Pawel Szczepanski, Helen V Smith, Elena 11, Chris Harwood, adrianpreda, Denis Belitsky, 19 STUDIO, Vadim Sadovski, Pan Xunbin, Tragoolchitr Jittasaiyapan, Arga Firmansyah, Savvapanf Photo, Paitoon Pornsuksomboon, solarseven, Nazarii_Neshcherenskyi, Alex Terentii, Vershinin89, johnpluto, Sergey Dzyuba, abriendomundo, Thebirdss, Nadya_Art, LuckyVector, Alfmaler, Dima Zel; Spaß-Sticker: Dima Zel, Vadim Sadovski, Sergey Nivens, Fer Gregory, Outer Space, Oksana Komarova-Linker, Zakharchuk, NASA images, Marko Aliaksandr, Triff, rangizzz, Elena Schweitzer, Prakasit Nuansri; U.S. Geological Survey, D. Roddy: 33 o.

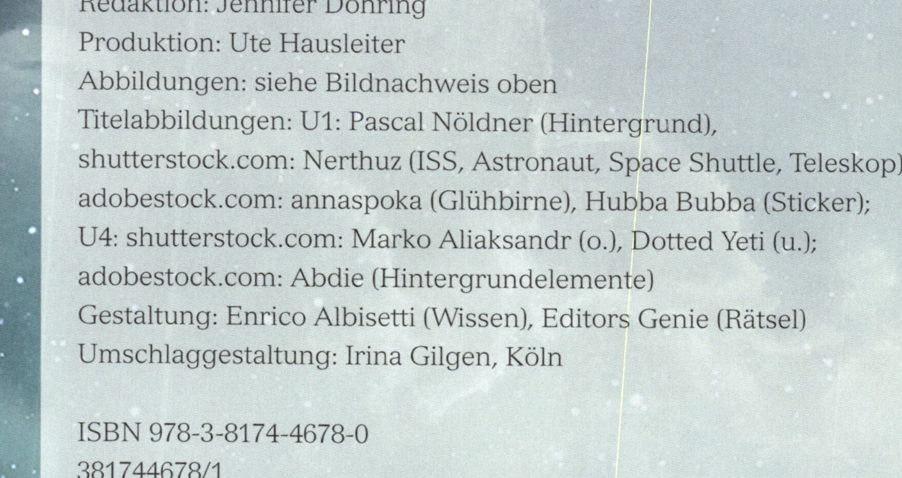


Baierbrunner Straße 27, 81379 München
Ausgabe 2024



Text: Dr. Andreas Müller (Wissen), Karolin Küntzel (Rätsel)
Illustration: Pascal Nöldner
Redaktion: Jennifer Döhring
Produktion: Ute Hausleiter
Abbildungen: siehe Bildnachweis oben
Titelabbildungen: U1: Pascal Nöldner (Hintergrund),
shutterstock.com: Nerthuz (ISS, Astronaut, Space Shuttle, Teleskop);
adobestock.com: annaspoka (Glühbirne), Hubba Bubba (Sticker);
U4: shutterstock.com: Marko Aliaksandr (o.), Dotted Yeti (u.);
adobestock.com: Abdie (Hintergrundelemente)
Gestaltung: Enrico Albisetti (Wissen), Editors Genie (Rätsel)
Umschlaggestaltung: Irina Gilgen, Köln

ISBN 978-3-8174-4678-0
381744678/1

www.circonverlag.de

# INHALT

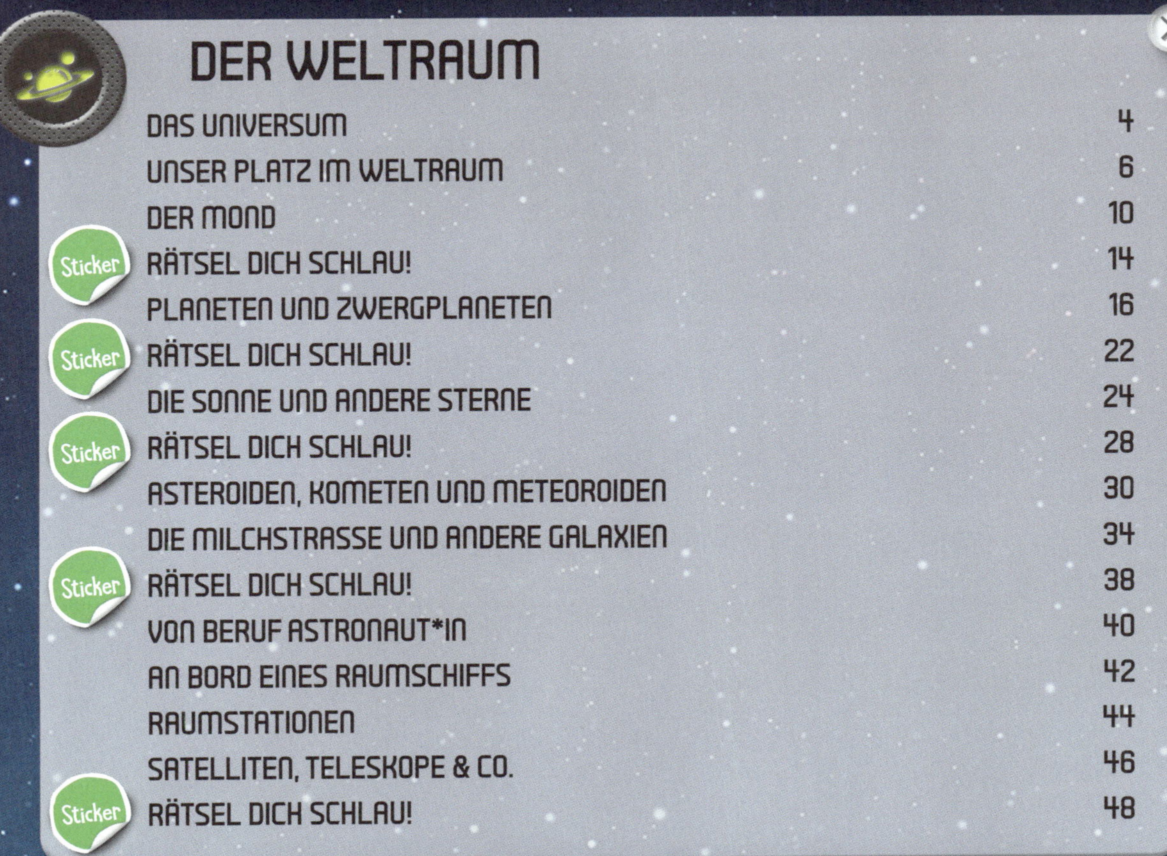

## DER WELTRAUM



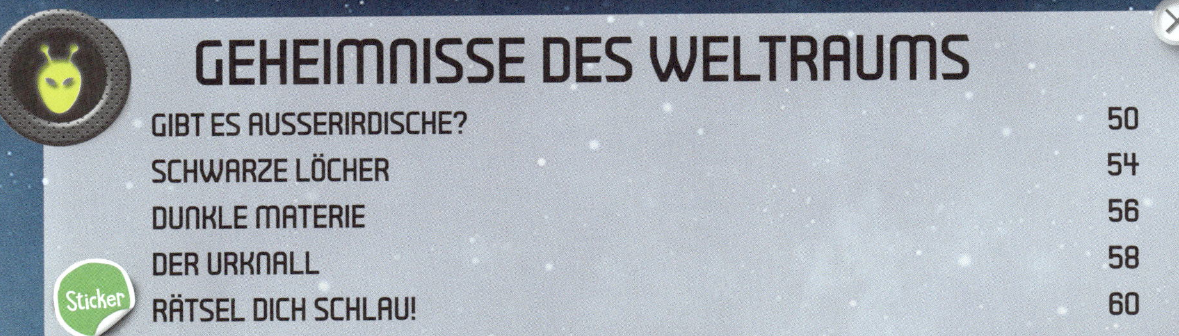

## GEHEIMNISSE DES WELTRAUMS



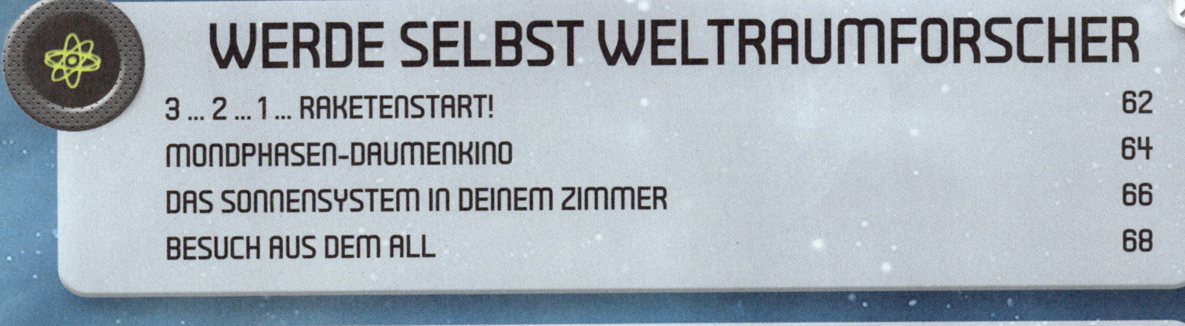

## WERDE SELBST WELTRAUMFORSCHER

# DAS UNIVERSUM

## UNSER SONNENSYSTEM

Zum Weltall gehört natürlich unser Heimatplanet, die Erde. Hier passiert alles, was du kennst. Die Erde hat aber auch einen Begleiter, den Mond. Der wichtigste Himmelskörper ist – na? – klar, die Sonne. Sie spendet uns Tageslicht und Wärme. Wir bekommen von ihr die Energie, damit alles auf der Erde wachsen und leben kann. Weil sie so wichtig und groß ist, wurde das Sonnensystem nach der Sonne benannt. Es gibt aber neben der Erde noch weitere Planeten. Starten wir bei der Sonne, so sind das: Merkur, Venus, Erde, Mars, Jupiter, Saturn, Uranus und Neptun. Neptun ist so weit entfernt, dass eine Raumsonde einige Jahre fliegen muss, um zu ihm zu gelangen.

## DIE MILCHSTRASSE

Es gibt da draußen noch weitere Sterne wie die Sonne. Manche sind größer, viele sind kleiner als sie. Alle Sterne, die du am Nachthimmel sehen kannst, gehören zu einer riesigen Ansammlung von Sternen. Das ist die Milchstraße, unsere scheibenförmige Heimatgalaxie. Sie enthält ungefähr 200 Milliarden Sterne – das ist eine 2 mit 11 Nullen!

## JEDE MENGE GALAXIEN

Das kann sich schon niemand mehr so richtig vorstellen, aber es geht noch weiter! Es gibt nämlich nicht nur eine Galaxie wie unsere Milchstraße, sondern einige 100 Milliarden. Die Galaxien finden sich zu Gruppen und Haufen zusammen. So hat auch unsere Milchstraße Galaxien in der Nachbarschaft wie die Andromeda-Galaxie oder die Magellanschen Wolken. Diese Gruppe von Galaxien wird von einem größeren Galaxienhaufen durch die Schwerkraft angezogen, und zwar vom Virgo-Galaxienhaufen. Es gibt viele Galaxienhaufen da draußen, die jeweils aus ungefähr 1000 Galaxien bestehen. Du kannst sie dir ein bisschen vorstellen wie einen riesigen Bienenschwarm, in dem die Galaxien wie Bienen herumfliegen. Galaxienhaufen sind die größten von der Schwerkraft zusammengehaltenen Gebilde im Kosmos.

## Und das Universum selbst?

Alles, was du am Himmel beobachtest und das Universum selbst waren nicht schon immer da. Das Weltall entstand im Urknall und dann brauchte es Zeit, dass alles Weitere entstehen und sich entwickeln konnte. Astronomen – das sind die Wissenschaftler, die den Kosmos erforschen – haben da recht genaue Vorstellungen, wie das ablief, aber es gibt noch viele Rätsel.

# UNSER PLATZ IM WELTRAUM

## ENTSTEHUNG DES SONNENSYSTEMS UND DER ERDE

Die Erde war nicht schon immer da. Sie ist zusammen mit der Sonne und den anderen Planeten vor 4,6 Milliarden Jahre entstanden. Damals gab es eine Materiescheibe, die sich ständig drehte und in deren Mittelpunkt sich die größte Masse ansammelte. Daraus entstand die Sonne. Weiter außen verdichtete die Schwerkraft Teile der übrigen Materiescheibe zu den Planeten.

## PLANETEN UND DER TIERKREIS

Weil das Sonnensystem früher einmal eine Scheibe war, siehst du die Planeten auch nicht überall am Himmel verteilt. Du findest sie nur in bestimmten Sternbildern, die von uns aus gesehen in Richtung der ehemaligen Scheibe liegen. Das sind die zwölf Sternbilder im Tierkreis. Die kennst du bestimmt, weil eines davon dein Sternzeichen ist. Sie heißen: Steinbock, Wassermann, Fische, Widder, Stier, Zwillinge, Krebs, Löwe, Jungfrau, Waage, Skorpion, Schütze. Nur in diesen Tierkreiszeichen wirst du am Himmel Planeten finden.

## Dein Sternzeichen

Übrigens: Zum Zeitpunkt deiner Geburt wanderte die Sonne durch ein bestimmtes Tierkreiszeichen, das somit dein Sternzeichen festlegte.

## DIE ERDE VOM WELTALL AUS

Die Illustration zeigt, wie die Erde vom Mond aus gesehen ausschaut. Ist sie nicht wunderschön? Das Blaue ist das Wasser der Ozeane. Die Erdoberfläche ist zu etwa 70 Prozent von Wasser bedeckt. Ansonsten erkennst du das Braune von den Landmassen der Kontinente. Das Weiße sind Wolken – aus dem Weltall natürlich von oben gesehen – sowie das Eis am Nordpol (Arktis) und Südpol (Antarktis).

## EIN ANGENEHMER PLATZ ZUM LEBEN

Uns geht es gut auf der Erde. Sie ist groß genug für uns alle; sie ist nicht zu kalt und nicht zu heiß. Es gibt Luft zum Atmen und flüssiges Wasser zum Trinken. Das ist nicht selbstverständlich! Auf anderen Planeten sieht es da schlechter aus. Die Lufttemperatur auf Meereshöhe liegt zwischen minus 89 Grad Celsius bis plus 58 Grad Celsius. Die Luft besteht aus verschiedenen Gasen, vor allem aus Stickstoff und Sauerstoff. Der für Tiere und Menschen lebenswichtige Sauerstoff zum Atmen wird von den Pflanzen hergestellt. Weil die Erde genau die richtige Temperatur hat, ist Wasser an der Oberfläche meistens flüssig.

## 8 Lichtminuten bis zur Sonne

Unsere Erde befindet sich ungefähr 150 Millionen Kilometer von der Sonne entfernt. Das Licht der Sonne benötigt für diese Strecke etwa 8 Minuten.

Die Erde vom Weltall aus gesehen

## Die Erde in Zahlen

Unser Planet Erde ist eine leicht abgeplattete Kugel mit ungefähr 12.700 Kilometern Durchmesser. Drückt man die Masse der Erde in Kilogramm aus, so ist das eine Sechs mit 24 Nullen!

## WIE DAS LEBEN ENTSTAND

Die Entwicklung von Leben auf der Erde birgt noch viele Geheimnisse. Offenbar entstand es vor rund vier Milliarden Jahren zunächst in der Nähe heißer Quellen in der Tiefsee. Die ersten Lebensformen waren winzige Einzeller. Sie entwickelten sich weiter zu Vielzellern und komplexeren Lebensformen. Das Leben eroberte das Land und entwickelte sich weiter zu der Vielfalt, die wir heute kennen: Pflanzen, Tiere und Menschen.

## IRDISCHES LEBEN IN GEFAHR

Es ist erstaunlich, dass das Leben auf der Erde schon so lange überdauert hat. Denn es ist ständig Gefahren ausgesetzt: Auf der Erde könnten verheerende Erkrankungen entstehen, für die es zurzeit keine Heilung gibt. Oder das Klima verändert sich so sehr, dass sich die Erde für Leben nicht mehr eignet. Es geschah bereits sehr oft und wird weiterhin passieren, dass kosmische Kleinkörper die Erde treffen. Ein besonders großer Körper soll vor etwa 65 Millionen Jahren zum Aussterben der Dinosaurier geführt haben.

## WO KOMMT DER MOND HER?

Ein noch größerer Körper, der etwa so groß war wie der Mars (also halb so groß wie die Erde), hieß Theia. In der Frühphase des Sonnensystems soll Theia vor etwa 4,5 Milliarden Jahren die Urerde getroffen haben. Der Zusammenstoß war so heftig, dass beide Körper vollständig vernichtet und aufgeschmolzen wurden. Aus dem Material gingen zwei neue Körper hervor: unsere heutige Erde und der Erdmond.

Der Mond

## WOHER WILL MAN DAS WISSEN?

Nach einer anderen Erklärung könnte der Mond auch von der Erde eingefangen worden sein. Aber für die Zusammenstoß-Vermutung gibt es ein paar überzeugende Hinweise: Die chemischen Zusammensetzungen von Erde und Mond sind verblüffend ähnlich. Die Bestimmung ihrer Alter liefert das gleiche Ergebnis. Außerdem ist der Erdmond für einen Mond ziemlich groß – er ist sogar größer als der Zwergplanet Pluto.

### Wir brauchen den Mond

Gut, dass wir den Mond haben, denn der recht nahe, große Mond verlangsamte die Erdrotation auf aktuell eine Tageslänge und festigt die Erdachse.

# DER MOND

## DIE MONDOBERFLÄCHE

Der Mond ist nach der Sonne das zweithellste Himmelsobjekt. Mit bloßem Auge kannst du bereits Oberflächenstrukturen erkennen. Es gibt helle, fast weiße Bereiche und dunkelgrau aussehende große Flächen, die man früher für Meere gehalten hat. Und es gibt unzählige Krater. Tatsächlich ist der Mond sehr trostlos und öde. Es gibt nur Mondgestein und grauen Staub. Auf dem Mond wachsen keine Pflanzen und es gibt dort keinen blauen Himmel.

Mondkrater

### Unser Mond in Zahlen

Der Mond ist etwa 380.000 Kilometer von der Erde entfernt. Sein Durchmesser beträgt ungefähr 3500 Kilometer (ein Viertel der Erde) und seine Masse in Kilogramm ist eine 7 mit 22 Nullen (ein Achtzigstel der Erde).

## LEBENSFEINDLICHER MOND

Offenbar fehlt dem Mond etwas, was wir auf der Erde haben. Es gibt auf dem Mond keine Meere und keine Seen. Es gibt dort kein Wasser zum Trinken. Der Mond hat aber auch keine Gashülle. Deshalb gibt es dort keine Wolken, keinen Regen, kein Wetter und keinen blauen Himmel. Auf der Erde entsteht das Himmelsblau, indem das Sonnenlicht an Gasteilchen in alle Richtungen gelenkt wird.

So sieht's auf dem Mond aus. Wenn du genau hinsiehst, entdeckst du auch das Mondauto.

## DIE MONDPHASEN

Wenn du einige Tage lang den Mond betrachtest, bemerkst du Veränderungen. Das sind die Mondphasen – kennst du sie? Es gibt vier Stück: 1) zunehmender Mond: eine nach links geöffnete Sichel; später ein Halbmond, der rechts hell ist, 2) Vollmond: eine hell leuchtende Kugel, 3) abnehmender Mond: eine nach rechts geöffnete Sichel; später ein Halbmond, der links hell ist, 4) Neumond: Der Mond ist nicht zu sehen, weil er genau zwischen Erde und Sonne steht.

Die Phasen des Mondes

### Mondzyklus und Monat

Alle vier Mondphasen zusammen dauern 29,5 Tage. Dieser Mondzyklus geht danach wieder von vorne los. Die Bezeichnung „Monat“ geht sogar auf den Mond zurück.

## GEZEITEN: WENN DER MOND DIE ERDE BEWEGT

Obwohl der Mond viel kleiner ist als die Erde, beeinflusst er sie. Seine Schwerkraft bewegt die Meere (auch das Land), sodass auf der mondzugewandten Seite ein Flutberg entsteht. Die Fliehkraft formt einen zweiten Flutberg auf der mondabgewandten Seite. Die Erde dreht sich „unter den Flutbergen hindurch“. Wenn du an Orten der Flutberge an der Küste stehst, siehst du einen sinkenden und steigenden Meeresspiegel – Ebbe und Flut. Das ist besonders stark bei Voll- oder Neumond, weil sich dann die Schwerkräfte von Mond und Sonne addieren (Springflut).

## MENSCHEN AUF DEM MOND

Im Jahr 1969 sind Menschen sogar schon auf dem Mond gelandet. Natürlich mussten sie alles Lebensnotwendige mitnehmen: Luft, Wasser, Nahrung. Außerdem schützte sie ein Raumanzug vor der Kälte und Strahlung des Alls. Die Mondlandung war der Höhepunkt im US-amerikanischen Apollo-Raumfahrtprogramm der NASA. Die Mission Apollo 11 flog mit einer Saturn-V-Rakete zum Mond. Zwei Astronauten flogen mit der Landefähre „Eagle“ (Adler) zur Oberfläche. Der erste Mensch auf dem Mond war Neil Armstrong. 20 Minuten danach folgte ihm Buzz Aldrin. Michael Collins, der dritte Astronaut, wartete in der Apollo-Kapsel im Mondorbit. Würdest du dir zutrauen, zum Mond zu fliegen?

## ICH KENNE EINE MOFI, UND DU?

Mofi klingt witzig, oder? Das ist eine Abkürzung für Mondfinsternis. Ja, der Mond kann beinahe verschwinden, nämlich dann, wenn er durch den Schatten der Erde wandert. Die Erde ist ja eine große Kugel, die von der Sonne angestrahlt wird. Auf der sonnenzugewandten Seite ist Tag und auf der sonnenabgewandten Seite ist Nacht. Auf der Nachtseite erstreckt sich ein langer Schattenkegel in das Weltall. Dort kommt kein Sonnenlicht hin. Bewegt sich nun zufällig der Mond durch diese Schattenzone, so wird er stark verdunkelt: Das ist eine Mondfinsternis.

### Hüpfende Astronauten

Der Mond ist kleiner und leichter als die Erde. Deswegen ist seine Schwerkraft sechsmal geringer als die der Erde. Das ist auch der Grund, warum die Astronauten auf dem Mond hüpfen, sie werden nicht so stark festgehalten.

## IMMER DIESELBE SEITE

Ist dir schon einmal aufgefallen, dass wir auf der Erde immer dasselbe „Mondgesicht“ sehen? Trotzdem dreht sich der Mond um sich selbst. Aber genauso schnell, wie er sich um sich selbst dreht, läuft er auf seiner Bahn einmal um die Erde herum. Mond und Erde haben über Milliarden Jahre ihre Bewegungen einander angepasst.

## DER MOND HAUT AB!

Jedes Jahr vergrößert sich der Abstand zwischen Erde und Mond um fast vier Zentimeter. Das liegt an den Gezeiten. Denn die Flutberge wirken wie Bremsbacken an einer Fahrradfelge und verlangsamen die Erddrehung. In 100.000 Jahren nimmt daher die Tageslänge beständig um eine Sekunde zu. Die Erde kann dann den Mond nicht mehr so gut festhalten, sodass er sich immer mehr entfernt.

# Kreuzworträtsel

Weißt du die Antworten? Schreibe sie auf und klebe den passenden Sticker daneben.
Die Buchstaben in dem blauen Rahmen ergeben das Lösungswort.

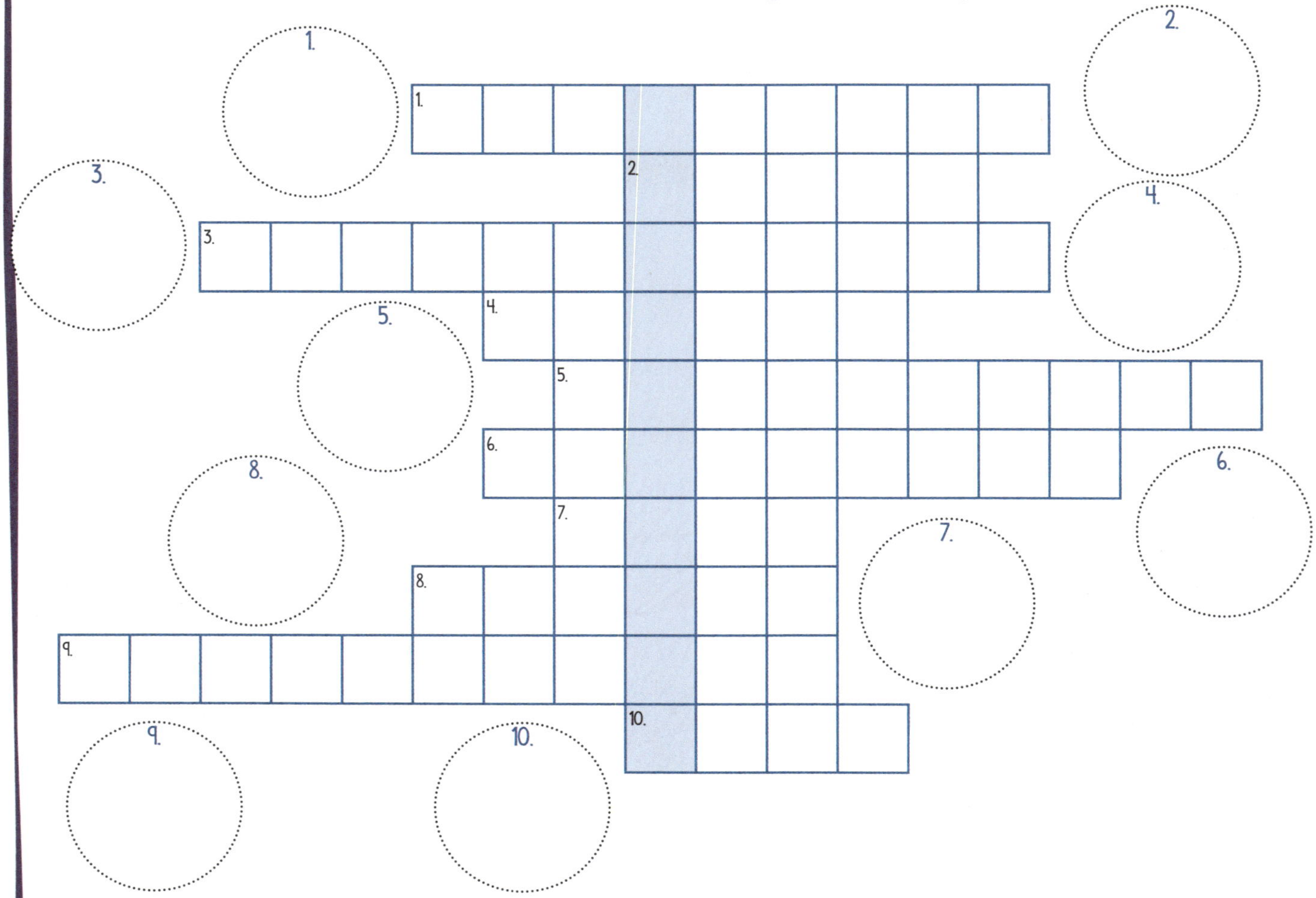

1. anderer Name für Südpol
2. der wichtigste Himmelskörper
3. Name unserer Heimatgalaxie
4. Planet, der der Sonne am nächsten ist
5. regelmäßige Veränderung der Mondform
6. die ersten Lebensformen
7. Abkürzung für Mondfinsternis
8. anderes Wort für Weltraum, Weltall
9. Tierart, die vor 65 Millionen Jahren ausgestorben ist
10. Name unseres Heimatplaneten

Die Wissenschaft, die sich mit Himmelskörpern beschäftigt, heißt:

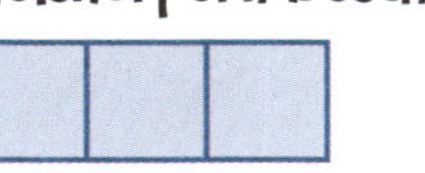

## Wahr oder falsch?

Kreuze die richtige Antwort an.

**Auf dem Mond gibt es ...**

| | | wahr | falsch |
|---|---|---|---|
| 1. | Krater | ☐ | ☐ |
| 2. | Regen | ☐ | ☐ |
| 3. | Mondauto | ☐ | ☐ |
| 4. | Wolken | ☐ | ☐ |
| 5. | Meere | ☐ | ☐ |

## Schau genau!

Wie viele gleiche Mondformen zählst du? Klebe die Sticker mit den korrekten Zahlen ein.

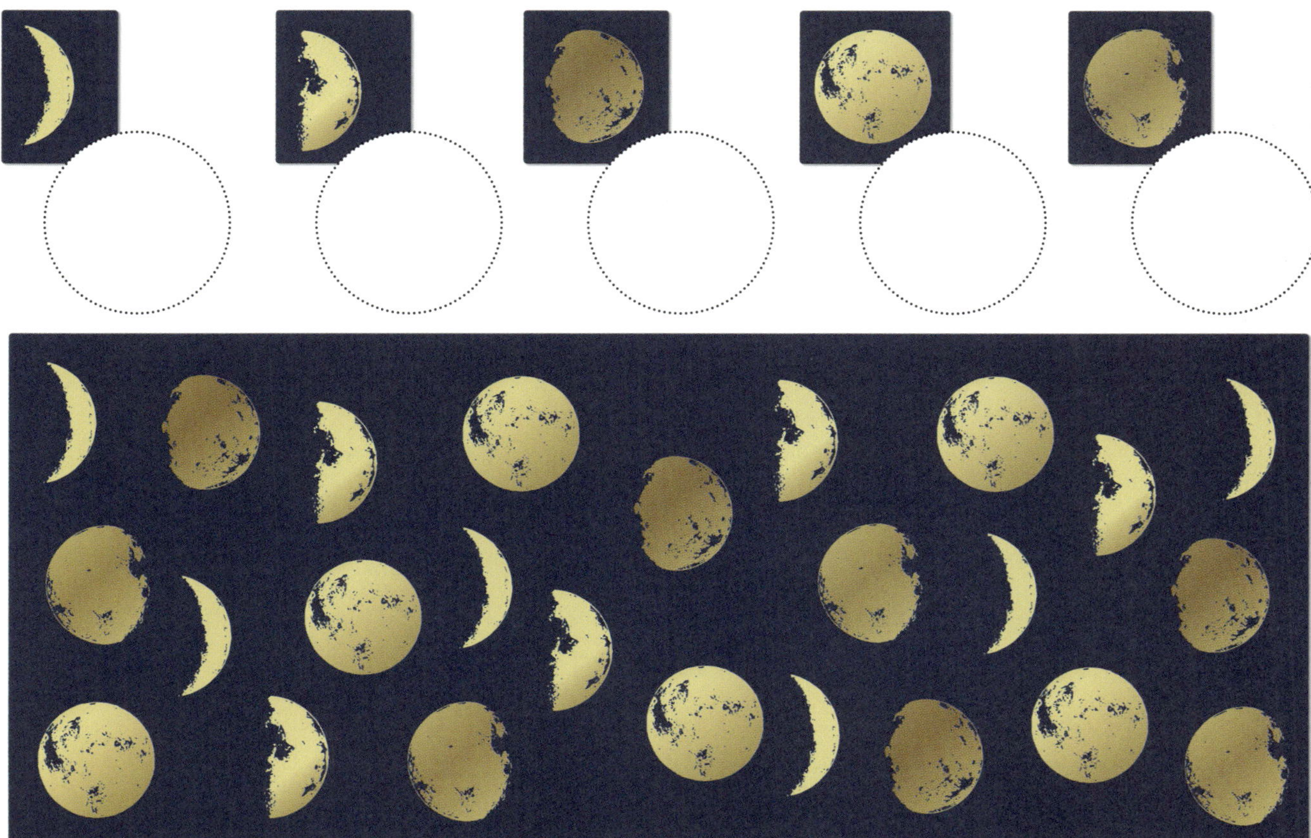

# PLANETEN UND ZWERGPLANETEN

## URSPRUNG DER PLANETEN

Wie eingangs beschrieben, entwickelten sich die Sonne und die Planeten aus einer sich drehenden Gasscheibe. Das war vor 4,6 Milliarden Jahren. Die Schwerkraft „verklumpte" Teile der Scheibe zu den Planeten. Dabei entstanden kleinere gesteinsartige Planeten (Merkur, Venus, Erde, Mars) und riesige Gasplaneten (Jupiter, Saturn, Uranus, Neptun). Außerdem gibt es eine Vielzahl kleiner Objekte, die zu den Zwergplaneten, Kleinkörpern, Asteroiden und Kometen zählen.

## UND SO HEISSEN DIE PLANETEN

Im Sonnensystem gibt es acht Planeten. Sie heißen von innen nach außen: Merkur, Venus, Erde, Mars, Jupiter, Saturn, Uranus und Neptun. Die Reihenfolge kannst du dir anhand der Anfangsbuchstaben dieses Satzes merken: „Mein Vater erklärt mir jeden Samstag unseren Nachthimmel." Ihre Entfernungen von der Sonne geben Astronomen in Astronomischen Einheiten (AU) an.

### Wenn Astronomen AU sagen

Der mittlere Abstand von der Erde zur Sonne beträgt etwa 150 Millionen Kilometer. Astronomen nennen das die Astronomische Einheit (engl. astronomical unit, AU).

Saturn

Uranus

Neptun

## HEISS, HEISSER, VENUS!

Bei den Temperaturen an der Oberfläche ist der Rekordhalter nicht etwa der sonnennächste Planet Merkur, sondern die Venus. Der Grund: Der Treibhauseffekt in ihrer Atmosphäre heizt die Oberfläche extrem auf.

## Saturn ist nicht ganz dicht

Wenn du die mittlere Dichte (Masse durch Volumen) von Saturn berechnest, wirst du feststellen, dass sie kleiner ist als von Wasser. Würde der Saturn in einen gigantischen Ozean fallen, würde er darin schwimmen!

## DIE PLANETEN: GRÖSSEN, MASSEN, TEMPERATUREN UND ABSTÄNDE ZUR SONNE

Die Planeten sind alle kugelförmig. Das liegt daran, weil sie genug Masse haben, sodass die Schwerkraft sie rund formen kann. Bei ihren Entfernungen zur Sonne, ihren Massen, ihren Größen sowie ihren Temperaturen an der Oberfläche und ihrer Anzahl der Monde gibt es enorme Unterschiede. Schau dir die Tabelle an:

| Name | Entfernung (AU) | Masse (in Erdmassen) | Durchmesser (km) | Temperatur (°C) | Monde |
|---|---|---|---|---|---|
| Merkur | 0,4 | 0,1 | 4900 | –173 bis +427 | 0 |
| Venus | 0,7 | 0,8 | 12.100 | +437 bis +497 | 0 |
| Erde | 1 | 1 | 12.700 | –89 bis +58 | 1 |
| Mars | 1,5 | 0,1 | 6800 | –133 bis +27 | 2 |
| Jupiter | 5,2 | 317 | 140.000 | ungefähr –108 | 67 |
| Saturn | 9,6 | 95 | 115.000 | ungefähr –139 | 62 |
| Uranus | 19,2 | 15 | 50.000 | ungefähr –197 | 27 |
| Neptun | 30,1 | 17 | 49.000 | ungefähr –201 | 14 |

## PLANETEN UND IHRE BEGLEITER

Die Schwerkraft der Planeten fängt einige kleine Begleiter ein: ihre Monde. In den letzten Jahrzehnten musste die Anzahl der Monde der Planeten immer wieder korrigiert werden, weil es schwierig ist, die kleinsten unter ihnen zu entdecken. Vor rund dreißig Jahren kannte man vom Jupiter nur elf Monde.

Der Jupitermond Io ist die aktivste Vulkanregion im Sonnensystem

## DURCHBRUCH IN DER ASTRONOMIE MIT JUPITER

1609 begründete der Italiener Galileo Galilei die moderne Astronomie. Denn er beobachtete erstmals mit einem Fernrohr den Nachthimmel: Er entdeckte die Mondkrater, die Venusphasen und die einzelnen Sterne im Band der Milchstraße. Seine wichtigste Entdeckung: Jupiter wird von vier kleinen „Pünktchen" umkreist. Es sind seine vier größten und hellsten Monde: Ganymed, Kallisto, Europa und Io. Seinerzeit dachten die Menschen, dass die Erde im Zentrum des Universums stünde und alles um sie kreist. Nun sah Galilei mit eigenen Augen, dass nicht die Erde, aber Jupiter von etwas umkreist wird. Später wurde die Erde immer mehr aus dem Mittelpunkt des Weltalls gerückt.

Jupiter und seine vier größten Monde

## PLANETENGIGANT JUPITER

Gut, dass wir den Jupiter haben. Er ist so etwas wie der „Staubsauger" des Sonnensystems. Durch seine riesige Masse ist Jupiters Schwerkraft so groß, dass er kleine Himmelsobjekte einfängt und sozusagen „verschluckt". Das verhindert auch, dass einige von ihnen die Erde treffen. So verwundert es kaum, dass Jupiter auch die meisten Monde von allen Planeten hat.
Spektakulär war es 1994, als der kleine Komet Shoemaker-Levy 9 dem Gasriesen zu nah kam. Die mächtigen Gezeitenkräfte des Planetenmonsters zerrissen den Kometen. Dessen Einzelteile regneten mit kleinen Explosionen auf Jupiter nieder.

Jupiter

### Jupiters Vulkan-Massage

Die heftigen Gezeitenkräfte des Planetengiganten „kneten" seinen kleinen Mond Io so sehr durch, dass er die aktivste Vulkanregion im ganzen Sonnensystem ist. Ständig verändert sich Ios Oberfläche.

## DIE RINGE DES SATURN

Hast du schon einmal die Saturnringe gesehen? Es gehört zu dem Schönsten, was die Astronomie zu bieten hat. Schon mit einem kleinen Teleskop kannst du erkennen, wie sich die Ringe von der Planetenscheibe des Saturn abheben – solltest du unbedingt gesehen haben! Die Ringe bestehen aus unzähligen kleinen Gesteins- und Eisbrocken, die der Saturn eingefangen hat.

Der wunderschöne Saturn mit seinen Ringen

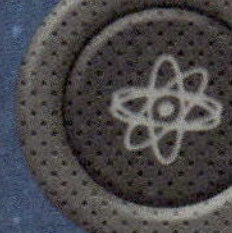

## WARUM IST PLUTO KEIN PLANET MEHR?

1930 wurde Pluto entdeckt. Er befindet sich mit rund 40 AU hinter Neptun und benötigt 248 Jahre für einen Sonnenumlauf. Pluto ist sogar kleiner als der Erdmond. Entsprechend gering ist seine Schwerkraft, sodass er seine Umgebung kaum beeinflussen kann. Um das Jahr 2000 herum wurden jenseits von Pluto weitere Pluto-ähnliche Himmelsobjekte entdeckt. Sie heißen unter anderem Sedna, Eris, Quaoar und Makemake. Die Internationale Vereinigung der Astronomen IAU diskutierte, ob sie alle Planeten werden sollten. Sie entschied 2006, dass sie lieber einen neuen Namen bekommen sollten: Zwergplaneten. Einer von ihnen ist Pluto.

Zwergplanet Pluto

Ceres ist auch ein kugelrunder Zwergplanet

## ASTEROIDEN UND NOCH EIN ZWERGPLANET

Zwischen den Planetenbahnen von Mars und Jupiter tummeln sich tausende von Kleinkörpern. Das sind die Asteroiden. Der größte Asteroid heißt Ceres, ist kugelrund und auch ein Zwergplanet. Als man ihn entdeckte, wurde er zunächst auch zu den Planeten gerechnet. Wie du siehst, müssen die Astronomen manchmal ihre Begriffe überdenken und neu festlegen.

## DIE KEPLER-GESETZE

Die Planetenbewegungen werden von der Sonne bestimmt. Die Bahnen der Planeten haben die Form eines Kreises oder einer Ellipse. Das ist das erste von drei Kepler-Gesetzen, die von Johannes Kepler entdeckt wurden. Nach dem zweiten Kepler-Gesetz überstreicht die Verbindungslinie zwischen Planet und Sonne (Fahrstrahl) in gleichen Zeiten gleich große Flächen. Daraus folgt, dass sich ein Planet auf einer Ellipsenbahn in Sonnennähe schneller bewegt als in Sonnenferne. Das Wichtigste ist das dritte Kepler-Gesetz. Es kann benutzt werden, um aus der Umlaufzeit eines Planeten und seinem Abstand zur Sonne die Masse der Sonne zu berechnen.

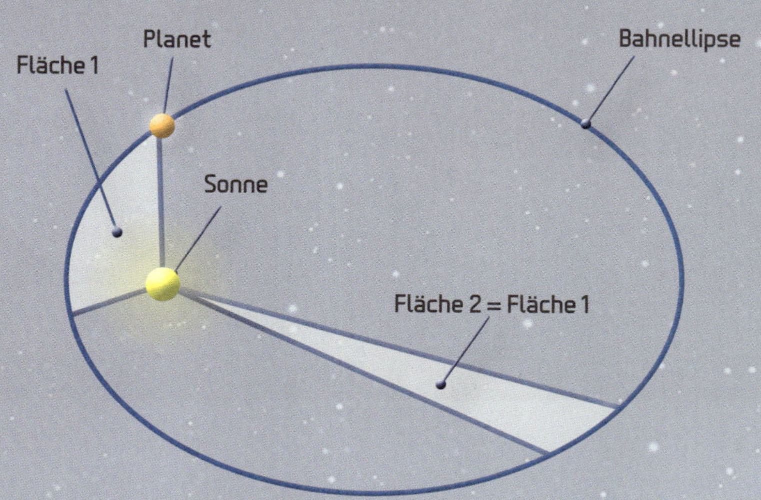


Der Planet kreist auf einer ellipsenförmigen Bahn um die Sonne (1. Kepler-Gesetz). Die Sonne sitzt in einem der beiden Brennpunkte der Ellipse. In gleichen Zeiten überstreicht die Verbindungslinie von Planet und Sonne gleich große Flächen.

## SO WEIT KAM DIE MENSCHHEIT INS ALL

Im Jahr 1977 startete die NASA die beiden Raumsonden Voyager 1 und 2. Sie sind mittlerweile so weit vom inneren Sonnensystem entfernt, dass ein Funksignal (das so schnell ist wie Licht) zurück zur Erde ungefähr 17 Stunden benötigt! Damit sind die Voyager-Sonden die am weitesten entfernten Objekte, die Menschen hergestellt haben.

Voyager 1

# Weit, weiter, am weitesten

Hier siehst du, in welcher Reihenfolge die einzelnen Planeten von der Sonne entfernt sind. Weißt du auch, wie sie aussehen? Klebe die Sticker an die richtige Position.

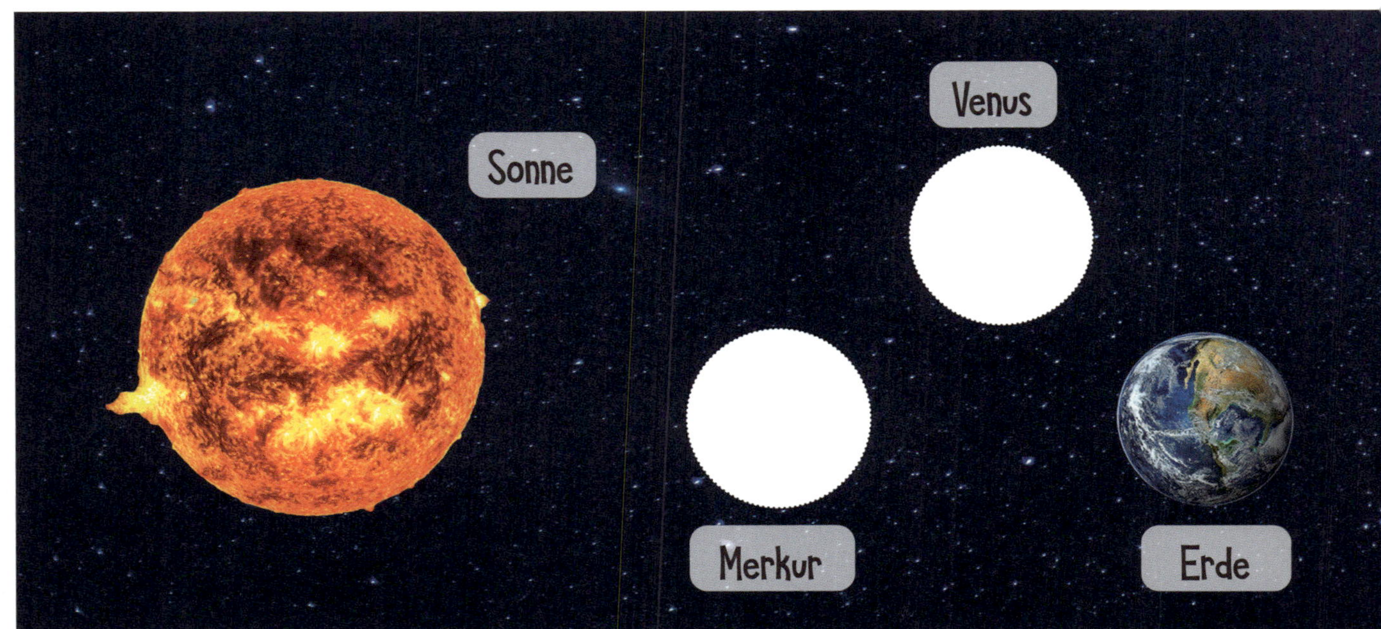

# Suchsel

Hier haben sich zehn Begriffe rund um das Thema Planeten versteckt. Kannst du sie finden?

**ZWERGPLANET – SCHWERKRAFT – ASTEROID – KOMET – MASSE – MOND – NASA – JUPITER – VENUS – MERKUR**

| E | S | C | H | W | E | R | K | R | A | F | T | C | E | B | N | M |
|---|---|---|---|---|---|---|---|---|---|---|---|---|---|---|---|---|
| G | H | T | K | T | C | H | O | M | N | K | I | E | N | A | S | A |
| E | J | R | T | R | V | S | M | O | N | D | R | T | U | B | G | S |
| S | U | N | M | H | D | C | E | I | B | P | T | R | C | H | S | S |
| U | P | M | J | N | L | I | T | H | M | E | R | K | U | R | L | E |
| N | I | D | R | E | D | P | L | N | A | D | P | I | L | A | J | U |
| D | T | C | G | P | X | A | S | T | E | R | O | I | D | E | Z | R |
| V | E | N | U | S | S | A | N | T | E | L | F | T | T | F | T | K |
| I | R | Q | U | E | Z | W | E | R | G | P | L | A | N | E | T | Y |

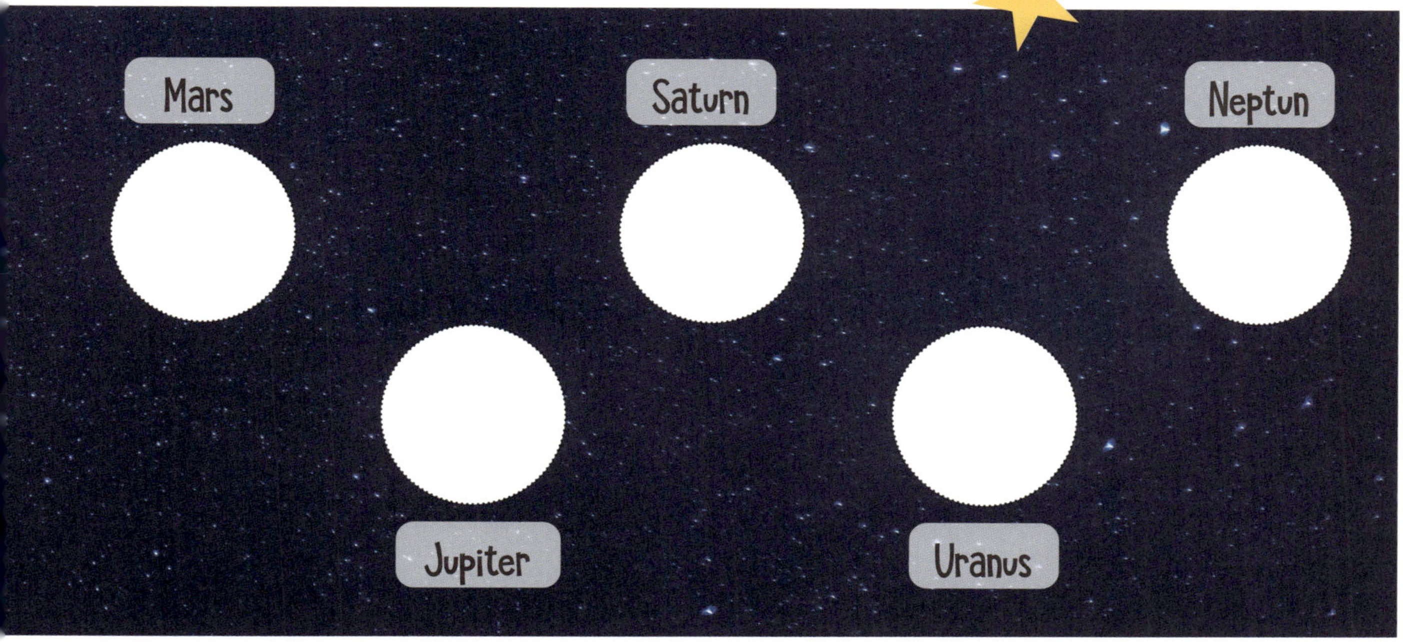

Mars

Saturn

Neptun

Jupiter

Uranus

## Die Jupitermonde

Kennst du die Namen der vier großen Jupitermonde?
Bringe die Buchstaben in die richtige Reihenfolge.

1. Y M N G A D E
   ______________________

2. L L I T K O S A
   ______________________

3. P E A R U O
   ______________________

4. O I
   ______________________

# DIE SONNE UND ANDERE STERNE

## LEBENSSPENDER SONNE

Unsere Sonne ist das hellste Objekt am Himmel. Ihr verdanken wir Helligkeit, Wärme und Energie. Das Leben auf der Erde wäre ohne die Sonne gar nicht möglich.

## DIE SONNE IST EIN STERN

Im Vergleich zu den Planeten gibt es einen wichtigen Unterschied. Unsere Sonne ist ein Stern, das heißt sie stellt das Licht selbst her. Die Planeten und Monde werfen das Sonnenlicht nur zurück wie ein Spiegel.

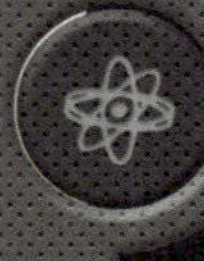

## DIE SONNE IST ECHT HEISS

Irgendetwas ist besonders an der Sonnen und das ist ihre Masse. Sie ist so schwer, dass in ihrem Innern alles extrem zusammengepresst wird. Dabei wird es sehr heiß: Im Mittelpunkt des Sonneninneren herrschen rund 15 Millionen Grad! An der Sonnenoberfläche (Photosphäre) sind es dagegen „nur“ 6000 Grad Celsius; das ist nur viermal heißer als eine Kerzenflamme.

## TEILCHENVERSCHMELZUNG IN DER SONNE

Die Sonne ist eine riesige Gaskugel. In ihrem Inneren schwirren mit großen Geschwindigkeiten viele kleine Teilchen herum. Sie stoßen auch zusammen. Bei so hohen Temperaturen wie im Sonnenmittelpunkt können die Teilchen miteinander zu neuartigen Teilchen „verschmelzen“. Physiker nennen das Kernfusion. Dabei werden Energie und Wärme frei, die uns letztlich als Sonnenstrahlen an der Nase kitzeln.

### Woraus besteht Sonnengas?

Luft ist ein Gas, das vor allem aus Stickstoff und Sauerstoff besteht. Das Gas in der Sonnenkugel besteht aus Wasserstoff und Helium. Aus der Verschmelzung von Wasserstoffteilchen werden Heliumteilchen.

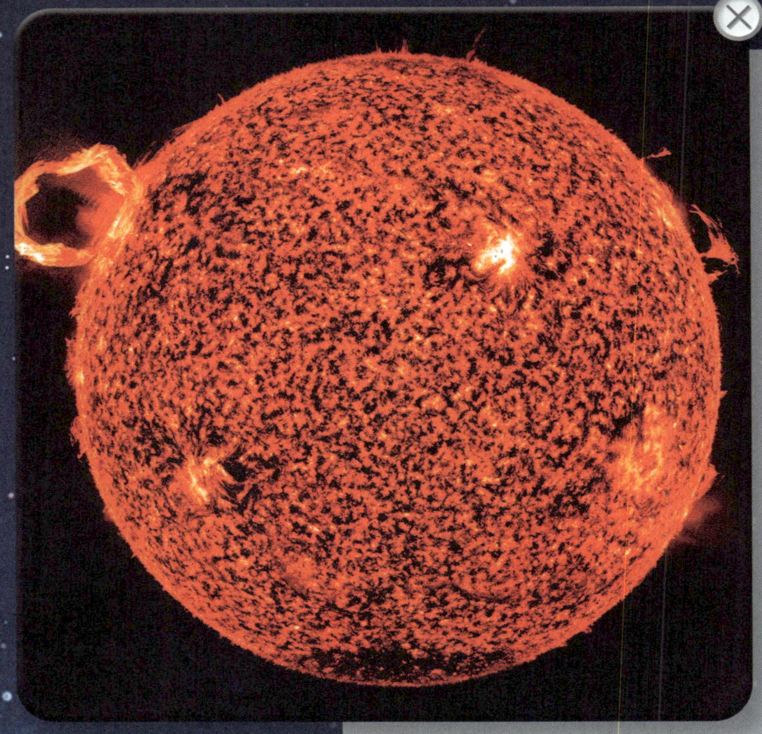

Das Foto wurde mit einem starken Filter aufgenommen, sodass die Sonne dunkler erscheint und man viele Oberflächendetails sehen kann.

## DER HIMMEL IST ÜBERSÄT MIT STERNEN

Wenn du einen klaren Nachthimmel anschaust, siehst du vor allem Sterne wie die Sonne. Mit bloßem Auge sind das rund 6000 Lichtpunkte. Die Sonne ist das Hellste am Himmel. Dann kommt der Mond und danach die Venus. Am viert- und fünfthellsten sind Jupiter und Mars. Den Saturn und den Merkur kannst du gerade noch unter guten Bedingungen sehen. Wenn du eine 1 mit 22 Nullen hinschreibst, erhältst du die Anzahl aller Sterne im sichtbaren Universum!

## STERNE DER MILCHSTRASSE

Alle Sterne, die du am Himmel sehen kannst, gehören zu unserer Heimatgalaxie. Man nennt sie auch Milchstraße, weil sie sich wie ein milchig trübes Band einmal am Himmel um den ganzen Erdball windet. In der Milchstraße befinden sich ungefähr 200 Milliarden Sterne. Sie sind unterschiedlich groß. Die schwersten Sterne der Milchstraße sind 100-mal schwerer als die Sonne.

Unsere Sonne ist klein im Vergleich zu anderen Sternen.

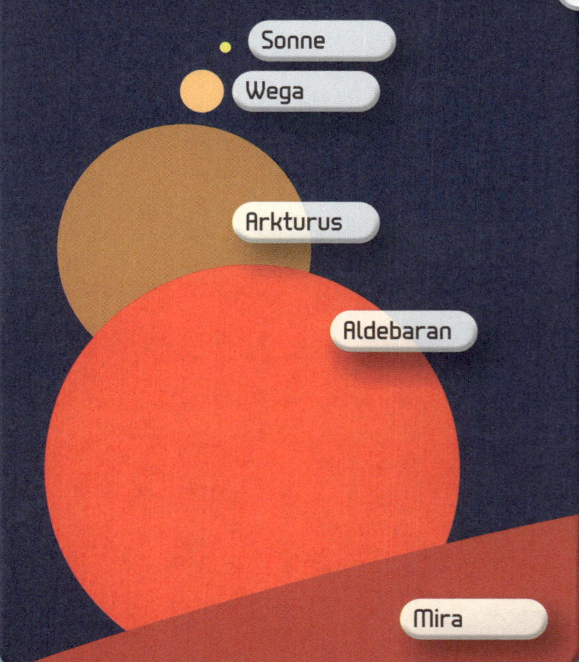

### Schwein gehabt!

Wäre der größte Planet Jupiter nur 85-mal schwerer geworden, hätten wir eine zweite Sonne im Sonnensystem gehabt. Dann wäre alles anders!

## WOHER KOMMEN DIE FARBEN DER STERNE?

Unsere Sonne ist ein gelber Stern. Astronomen sagen zu ihr auch „gelber Zwerg“, weil sie verglichen mit anderen Sternen eher klein ist. Die Temperatur an der Sternoberfläche bestimmt, in welcher Farbe der Stern uns erscheint. Kalte Sterne sind rot. Warme Sterne orange und gelb. Und heiße Sterne blau oder weiß.

Sterne haben unterschiedliche Farben und Helligkeiten.

## Was ist ein Lichtjahr?

Licht ist das Schnellste, was es gibt. Es bewegt sich im luftleeren Raum mit einer Milliarde Kilometer pro Stunde. In einem Jahr schafft es ungefähr zehn Billionen Kilometer. Das ist das Lichtjahr, eine Längeneinheit.

Der Pferdekopfnebel besteht aus kaltem, schwarzem Staub.

## DER NÄCHSTE STERN NACH DER SONNE

Der Nachbarstern der Sonne heißt Proxima Centauri. Er ist 4,3 Lichtjahre entfernt. Proxima ist ein kleiner roter Zwergstern. Er befindet sich im Sternbild Centaurus am Südhimmel und ist von Europa aus daher nie beobachtbar. Manchmal wird Proxima auch Alpha Centauri C genannt, weil er einer von drei nah beisammen stehenden Sternen ist. Das Dreiersystem besteht also noch aus Alpha Centauri A und Alpha Centauri B.

## Lückentext

Setze die fehlenden Wörter an der passenden Stelle in den Text ein.

Minuten | Planet | Sonnensystem | Erde | Himmelskörper | Sonne

Wärme | kühler | Millionen | Wasserstoff | Gaskugel | Monde

Die Sonne ist der wichtigste ________________ für uns. Sie spendet Licht und ______________. Ohne sie könnten wir auf der __________ nicht leben. Ihre Bedeutung erkennst du auch daran, dass unser ________________ nach ihr benannt ist. Im Gegensatz zur Erde ist sie kein ______________, sondern ein Stern. Sie leuchtet aus sich heraus, während die Planeten und ______________ das Sonnenlicht nur zurückwerfen. Ihr Licht benötigt bis zur Erde ungefähr acht ______________. In dieser Zeit legt es ungefähr 150 Millionen Kilometer zurück. So weit ist die __________ von der Erde entfernt. Sie ist das hellste Objekt am Himmel und eine riesige ________________. Das Gas der Sonne setzt sich aus ________________ und Helium zusammen. In ihrem Inneren herrschen Temperaturen von rund 15 ______________ Grad Celsius. An der Oberfläche ist es mit 6000 Grad Celsius wesentlich ________________.

## Der einzelne Stern

Am Nachthimmel stehen unzählige Sterne. In diesem Bild sehen viele gleich aus, aber ein Stern kommt nur ein einziges Mal vor. Findest du ihn? **Tipp:** Streiche die Sterne, die mehrfach vorkommen, mit einem Stift durch.

# Bunte Sterne

Heiße Sterne leuchten in einer anderen Farbe als eher kühle. Weißt du noch, in welcher? Verbinde mit Linien und klebe den passenden Stern ein.

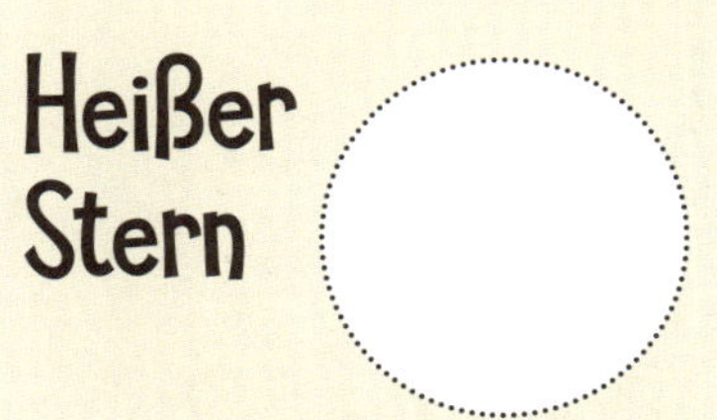


blau | rot | gelb | weiß | orange

# Wer bin ich?

Mond, Planet oder Stern – von wem stammt die Aussage? Klebe den passenden Sticker hinter den jeweiligen Satz.

1. Mein Name ist Mira. Ich bin größer als die Sonne.
2. Ich sehe vom Weltall betrachtet überwiegend blau aus.
3. Unzählige Krater bedecken meine Oberfläche.
4. Die Gezeiten entstehen durch mich.
5. Ich bin die Venus und werde auch Abendstern genannt. Dabei bin ich gar kein Stern.
6. Auf meiner Oberfläche steht ein Fahrzeug.
7. Ich bin der einzige Begleiter der Erde, Jupiter hat 67.
8. Ich heiße Ganymed.
9. Meine Ringe bestehen aus Gesteins- und Eisbrocken.
10. In der Milchstraße gibt es Millionen von uns.
11. Ich leuchte blau.

# ASTEROIDEN, KOMETEN UND METEOROIDEN

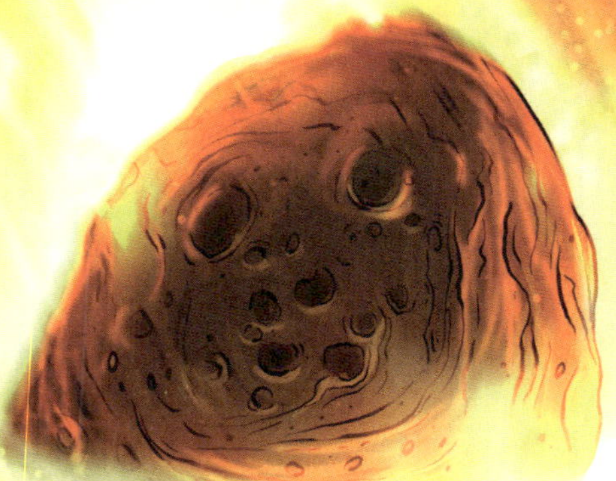

## KLEINERE HIMMELSKÖRPER IM SONNENSYSTEM

Außer Sonne, Planeten und Zwergplaneten gibt es jede Menge kleinere Körper im Sonnensystem. Sie haben je nach Eigenschaften und Herkunftsort verschiedene Namen bekommen.

## ASTEROIDEN

Einige Hunderttausend Asteroiden oder Planetoiden befinden sich zwischen den Planetenbahnen von Mars und Jupiter. Sie sind kleiner als Planeten, aber größer als Meteoroiden. Ihre Durchmesser sind geringer als ungefähr 800 Kilometer. Weil sie so klein sind, kann die Schwerkraft sie nicht kugelrund formen. Sie haben unregelmäßige Formen und sehen manchmal aus wie eine Kartoffel oder sogar wie ein Hundeknochen. Die bekanntesten Asteroiden heißen Pallas, Vesta, Lutetia, Mathilde, Ida, Eros und Gaspra.

## METEOROIDEN

Meteoroiden sind auch Kleinkörper, aber noch kleiner als Asteroiden. Sie haben Durchmesser von Bruchteilen eines Millimeters bis zu einigen Metern. Sie sind so klein, dass sie keine eigenen Namen bekommen.

## KOMETEN

Kometen kennst du bestimmt schon. Es sind Kleinkörper von wenigen Kilometern Größe und ebenfalls unregelmäßiger Gestalt. Wenn sie in die Nähe der Sonne kommen, heizt sich die eiskalte Kometenoberfläche auf und wird gasförmig. Die Lichtteilchen der Sonne „pusten" dann Teile der Gashülle (Koma) weg. So entwickeln die Kometen ihren typischen Schweif.

## MEHR ALS EIN SCHWEIF

Eigentlich sind es zwei Schweife. Einer ist bläulich und kerzengerade. Dieser Ionenschweif zeigt immer von der Sonne weg. Er besteht aus elektrisch geladenen Teilchen (Ionen). Der andere Schweif ist mehr gebogen und breiter: der Staubschweif.

## WOHER KOMMEN KOMETEN?

Kometen kreisen auch um die Sonne. Oft sind ihre Bahnen extrem eiförmig auseinandergezogen. Einige Kometen stammen aus der Nähe der Jupiterbahn. Andere kommen aus dem Kuiper-Gürtel, der sich hinter der Plutobahn befindet. Die am weitesten entfernten Kometen kommen aus der kugelförmigen Oortschen Wolke und haben Umlaufzeiten von mehr als 200 Jahren.

## STEINE AUS DEM ALL

Die sehr kurze Leuchterscheinung, die aussieht wie ein Strich am Himmel, kennst du als „Sternschnuppe“. Astronomen sagen dazu Meteor. Wenn die Sternschnuppe nicht ganz verglüht und ein fester Bestandteil davon auf der Erde niedergeht, so nennt man dieses Überbleibsel Meteorit. In Planetarien und Sternwarten kannst du Meteorite kaufen. Das sind echte außerirdische Steine aus dem Weltall!

Gemüse im Weltall: Asteroid Gaspra sieht aus wie eine Kartoffel!

## STERNSCHNUPPEN STAMMEN VON KOMETEN

Bei ihrem Weg um die Sonne kreuzt die Erde auch Bahnen von Kometen. Dort haben sich winzige Bruchstücke des Kometen verteilt. Die Erde sammelt sie ein und dann sehen wir besonders viele Sternschnuppen. Auch wenn sie „Sternschnuppe“ heißt, so kommt sie nicht von einem Stern, sondern von einem Kometen.

### Was ist ein Radiant?

Die Striche der Sternschnuppen, die vom gleichen Kometen kommen, treffen sich am gleichen Himmelsort: dem Radianten. Das Sternbild, in dem er liegt, ist Namensgeber für den Sternschnuppenschwarm.

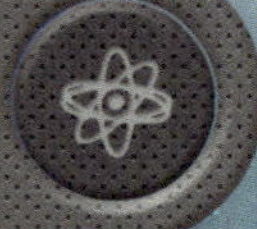

## WÜNSCH DIR WAS!

Alle Jahre wiederkehrend beobachten wir daher an bestimmten Tagen einen Sternschnuppenregen. Astronomen nennen sie auch Meteorströme. Der bekannteste Meteorstrom heißt Perseiden, benannt nach dem Sternbild Perseus. Immer um den 11. oder 12. August fallen pro Stunde rund 150 Sternschnuppen!

Der 1,2 Kilometer durchmessende Barringer-Krater in den USA wurde durch einen Einschlag eines 50-Meter-Brockens geformt.

## Woher kam das Wasser der Erde?

Kometen haben wie in einem Kühlschrank ganz altes Material aus dem frühen Sonnensystem gespeichert. Die Forscher benutzen sie deshalb, um zu verstehen, woraus das Sonnensystem früher bestand und wie es sich entwickelte. Sie nehmen sogar an, dass Einschläge von Kometen auf der Erde das Wasser der Ozeane lieferten.

### Churys winzige Schwerkraft

Chury ist so klein, dass er nichts festhalten kann. Würdest du im Raumanzug auf ihm stehen und hochspringen, würdest du Chury schon verlassen.

## Komet Chury bekam Besuch

Die Europäische Weltraumorganisation ESA hatte 2004 die Rosetta-Raumsonde ins Weltall geschossen. Sie besuchte nach einem zehnjährigen Flug den Kometen 67P/Churyumov-Gerasimenko. „Chury“ bewegt sich in der Nähe der Jupiterbahn um die Sonne. Er hat die Form eines Quietsche-Entchens und ist ungefähr 4 mal 3,5 mal 3,5 Kilometer klein. Ende 2014 gelang zum ersten Mal die Landung einer Sonde auf einem Kometen! Von der Rosetta-Sonde wurde die Landeeinheit Philae auf „Chury“ fallen gelassen. Sie hüpfte ein paarmal und blieb an einem schattigen Platz liegen.

Der Komet „Chury“ hat die Form eines Quietsche-Entchens.

# DIE MILCHSTRASSE UND ANDERE GALAXIEN

## LEBEN IN EINER RIESENSCHEIBE

Unsere Heimatgalaxie heißt Milchstraße, weil sie sich wie ein milchiges Band am Himmel einmal um die Erde windet. Das liegt daran, dass wir mit dem Sonnensystem Teil einer riesigen Scheibe sind. Die sich drehende Scheibe besteht aus etwa 200 Milliarden Sternen, bunt leuchtendendem Gas und kaltem, schwarzem Staub. All das dreht sich wie in einem Karussell um die Mitte der Milchstraße. Der Durchmesser der Scheibe beträgt ungefähr 150.000 Lichtjahre!

## SPIRALE UND BALKEN

Könnten wir unsere Heimatgalaxie von außen betrachten, würden wir ein hell leuchtendes Zentrum und etwa vier Spiralarme sehen. Die Sterne formen in der Milchstraßenmitte eine balkenförmige Struktur. Astronomen sagen daher, dass die Milchstraße eine Balkenspiralgalaxie ist.

## RASENDES SONNENSYSTEM

Unser Sonnensystem ist von der Mitte der Milchstraße 26.000 Lichtjahre entfernt. Als das Licht, das wir jetzt sehen, sich dort auf den Weg machte, herrschte auf der Erde Steinzeit! Die Sonne umkreist die Milchstraßenmitte mit fast 800.000 Kilometer pro Stunde!

## DIE ÄLTESTEN STERNE DER MILCHSTRASSE

Die ältesten Gebilde der etwa 13 Milliarden Jahre alten Milchstraße sind die Kugelsternhaufen. Das sind kugelförmige Ansammlungen von 100.000 bis 1 Million Sterne. Die Kugelsternhaufen befinden sich in einer Kugelschale, die sich um die Galaxienscheibe wölbt.

## RÄTSEL IN DER MILCHSTRASSE

Da gibt es noch mehr als Sterne, Gas und Staub. Die Astronomen können damit allein nicht erklären, was die Milchstraße zusammenhält und wie sich ihre Sterne bewegen. Sie benötigen eine rätselhafte neue Materieform, die unsichtbar ist: „Dunkle Materie“ – dazu später mehr.

## NAHE GALAXIEN

Unsere Milchstraße ist nicht die einzige Galaxie. Astronomen schätzen, dass es insgesamt ungefähr 100 Milliarden Galaxien gibt. Schon in unserer Nachbarschaft gibt es die Große und die Kleine Magellansche Wolke, zwei unregelmäßig geformte kleine Galaxien in 170.000 bzw. 200.000 Lichtjahren Entfernung. Etwas weiter weg ist die Andromeda-Galaxie in 2,5 Millionen Lichtjahren. Sie ist eine Art „Schwester" der Milchstraße, etwas größer, aber ebenfalls eine scheibenförmige Spiralgalaxie. Und dann haben wir noch die Dreiecksgalaxie, auch eine Spiralgalaxie in 2,8 Millionen Lichtjahren Distanz. Diese Galaxien bilden zusammen mit mehr als 50 kleinen, runden Zwerggalaxien die Lokale Gruppe.

Die Milchstraße, eine Balkenspiralgalaxie

### Wer war Magellan?

Ferdinand Magellan war ein Seefahrer im 16. Jahrhundert. Er beschrieb die Magellanschen Wolken des Südhimmels. Die Seefahrer nutzten Himmelsobjekte, um auf dem Meer die Himmelsrichtungen zu bestimmen.

Andromeda-Galaxie

## GALAXIENTYPEN

Nach ihrer äußeren Gestalt unterscheiden die Astronomen Spiralgalaxien und Balkenspiralgalaxien. Außerdem gibt es kugelige oder ovale Formen: Das sind die elliptischen Galaxien. Alles, was nicht passt und unregelmäßige Gestalt wie die Magellanschen Wolken hat, fasst man als irreguläre Galaxien zusammen.

## Fortsetzung Seite 38/39

## Sticker für die Rätsel auf Seite 48/49

## Seite 60/61

## Sticker für die Rätsel auf Seite 60/61

## Spaß-Sticker

**Sticker für die Rätsel auf Seite 14/15**

4 4 5 6 6

**Sticker für die Rätsel auf Seite 22/23**

**Sticker für die Rätsel auf Seite 28/29**

Fortsetzung Seite 28/29

Sticker für die Rätsel auf Seite 38/39

**Spaß-Sticker**

## EIN HAUFEN GALAXIEN

In den Tiefen des Weltraums stoßen wir auf noch mehr Galaxien. Sie sammeln sich in Gruppen, wie in unserer Lokalen Gruppe. Die größten Ansammlungen mit rund 1000 Galaxien nennt man Galaxienhaufen. Sie werden auch von der Schwerkraft der Galaxien zusammengehalten. Unsere Lokale Gruppe wird vom nächstgrößeren Galaxienhaufen in etwa 50 Millionen Lichtjahren Entfernung angezogen. Das ist der Virgo-Galaxienhaufen im Sternbild Jungfrau.

Computersimulation: Im Großen ordnen sich die Galaxien und Galaxienhaufen wie auf Wänden riesengroßer Waben an. Das Blauweiße sind Galaxien und Galaxienhaufen, orange ist die Dunkle Materie.

Ein stundenlang belichtetes Foto mit dem Weltraumteleskop Hubble verrät in einem dunklen Himmelsbereich Tausende von Galaxien!

### Das sind Tiefenfeldbeobachtungen

Wenn Astronomen mit ihren Teleskopkameras einen dunklen Himmelsbereich viele Stunden belichten, machen sie sehr dunkle und weit entfernte Galaxien sichtbar. Sie sind überall!

## DAS UNIVERSUM IM GROSSEN

Die vielen Galaxienhaufen im Weltall verteilen sich nicht gleichmäßig im Raum. Die Schwerkraft formt dichte Ansammlungen vieler Galaxien. Diese „Knoten" sind miteinander durch dünne, fadenförmige „Brücken" verbunden. Insgesamt hat der Kosmos eine Art wabenförmige Struktur, wobei das Wabeninnere fast keine Galaxien enthält. Typische Abstände zwischen den Knoten sind im Bereich von Milliarden Lichtjahren.

# Welcher Himmelskörper ist gesucht?

Trage den richtigen Begriff ein und klebe den passenden Sticker daneben.

1. Ich habe einen langen Schweif.
   ______________________

2. Ich bin kleiner als ein Planet, aber größer als Meteoriden.
   ______________________

3. Ich sehe aus wie eine Kartoffel.
   ______________________

4. Ich bin zu klein für einen eigenen Namen.
   ______________________

5. Du kennst mich unter dem Namen Sternschnuppe. Astronomen nennen mich ______________________.

6. Sind ganz viele Sternschnuppen am Himmel zu sehen, sprechen Fachleute von einem ______________________.

7. Schaffe ich es bis auf die Erde ohne zu verglühen, ändere ich meinen Namen in ______________________.

# Was ist korrekt?

Streiche das falsche Wort in der Aussage durch.

1. Ein **Sternschnuppenschwarm / Asteroidenschwarm** wird immer nach dem Sternbild benannt, aus dem er kommt.
2. **Meteoroiden / Meteorite** kann man in Planetarien kaufen.
3. Kometen sind nur wenige **Meter / Kilometer** groß.
4. Mathilde und Ida sind die Namen von **Kometen / Asteroiden**.
5. **Asteroiden / Zwergplaneten** sind rund.
6. Sternschnuppen kommen von einem **Stern / Kometen**.

# Sudoku

Die Regeln sind einfach. In jeder Spalte, jeder Zeile und in jedem Block muss jedes Symbol enthalten sein – aber nur jeweils einmal!
Im Sudoku-Gitter findest du sechs verschiedene Symbole. Klebe die fehlenden Sticker ein.

# VON BERUF ASTRONAUT*IN

## Die erste Frau im Weltall

1963 war die Russin Walentina Wladimirowna Tereschkowa die erste Frau im All. Sie umkreiste mit der Rakete Wostok 6 mehrmals die Erde. Bitte einmal ihren Namen laut lesen – Zunge verknotet? ;-)

## WAS IST EIN ASTRONAUT ODER EINE ASTRONAUTIN?

Astronauten sind Raumfahrer, das heißt sie fliegen mit Raketen oder Raumschiffen ins Weltall. Der erste Astronaut der Welt war der Russe Juri Gagarin. In der Sowjetunion und in Russland heißen die Astronauten Kosmonauten. In China heißen sie Taikonauten.

## UND WAS MACHT ER ODER SIE?

Ein Astronaut hat bei seinem Flug in den Weltraum ganz bestimmte Aufgaben. Vielleicht muss er ein neues Raumschiff testen. Oder er führt unter Weltraumbedingungen Experimente durch. Zum Beispiel schaut er sich an, wie sich Flüssigkeiten in der Schwerelosigkeit verhalten, und versucht, das mit Naturgesetzen zu erklären. Oder er möchte zu einem anderen Himmelskörper fliegen, zum Beispiel zum Mond oder zum Mars.

## WAS MUSS ER ODER SIE KÖNNEN?

Astronauten haben eine lange und schwierige Ausbildung durchlaufen. Sie müssen körperlich gesund und fit sein. Sie müssen aber auch sehr gut ausgebildet sein. Typischerweise sind Astronauten Piloten, Naturwissenschaftler, Ingenieure oder Techniker.

## ALEXANDER GERST, DER DEUTSCHE ASTRONAUT

2014 war Alexander Gerst als deutscher Astronaut fast ein halbes Jahr lang auf der Internationalen Raumstation ISS. Er entschied sich vorher für den Beruf Geophysiker, weil er sich sehr für Vulkane interessiert. Im Oktober 2014 hatte „Astro-Alex", wie er sich selbst auf Twitter nennt, sogar einen sechsstündigen Außenbordeinsatz.

## KANNST DU ASTRONAUT*IN WERDEN?

Deutsche Astronauten wie Alexander Gerst werden im Deutschen Zentrum für Luft- und Raumfahrt (DLR) ausgebildet. Die Europäische Weltraumorganisation ESA wählt aus, wer als europäischer Astronaut eingesetzt wird. Es ist nicht leicht, Astronaut zu werden, weil man sich gegen tausende Mitbewerber durchsetzen muss. Aber wenn du fit und schlau bist, kannst du es schaffen!

# AN BORD EINES RAUMSCHIFFS

## EINE RAKETE IST VOR ALLEM TREIBSTOFF

Die moderne Trägerrakete Ariane 5 der ESA hat eine Startmasse von fast 800 Tonnen. Davon entfallen nur etwa 10 Tonnen auf die Nutzlast, also etwa 1 Prozent.

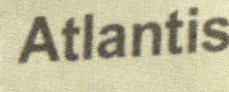

## DIE APOLLO-KAPSEL

Echte Raumschiffe sind anders als in Star Wars. Das Apollo-Raumschiff, mit dem NASA-Astronauten zum Mond flogen, besteht aus zwei Teilen: dem Kommandomodul und dem Servicemodul. Das kegelförmige Kommandomodul wog knapp sechs Tonnen, hatte einen Durchmesser von fast vier Metern und war gut drei Meter hoch.

## GANZ SCHÖN ENG!

Auf echten Raumschiffen gibt es nicht viel Platz. Der Grund: Es kostet eine Menge Geld und Treibstoff, jedes Kilogramm in den Weltraum zu bringen. Den weitaus größten Anteil am Gewicht eines Raumschiffs hat der Treibstoff. Das, was transportiert werden soll, nennen Raumfahrttechniker „Nutzlast".

## WARUM DREI ASTRONAUTEN?

Zur Apollo-Besatzung gehörte der Kommandant. Er war der „Chef" in der Kapsel. Weiterhin gab es einen Piloten für das Kommandomodul und einen Piloten für die Mondlandefähre.

## HEISSE RÜCKKEHR ZUR ERDE

Die drei Astronauten kehrten im Kommandomodul zurück zur Erde. Damit es beim Wiedereintritt in die Erdatmosphäre nicht verglühte, hatte es einen Hitzeschild. Drei Fallschirme bremsten den Flug. Danach wasserte die Kapsel im Ozean.

## DER UNFALL VON APOLLO 13

1970 passierte ein Unfall im Raumschiff von Apollo 13: Beim Flug zum Mond explodierte ein Sauerstofftank – etwa 300.000 Kilometer von der Erde entfernt! Die Mondlandung wurde abgebrochen. Zum Glück schafften es die Astronauten zurück zur Erde.

# RAUMSTATIONEN

## BERÜHMTE RAUMSTATIONEN

Die zwei bekanntesten Raumstationen sind die russische Mir und die Internationale Raumstation ISS. Die Mir war von 1986 bis 2001 im All und wurde zum Absturz gebracht, weil sie alt geworden war. Die ISS ist seit 1998 im Weltraum und wird ständig ausgebaut.

## DIE ISS VON AUSSEN

Die ISS hat eine Größe von ungefähr 110 mal 100 mal 30 Metern und wiegt fast 500 Tonnen. Sie ist das größte künstliche Objekt im Erdorbit. Die ISS besteht aus Modulen und großflächigen Sonnenkollektoren. Damit kann das Licht der Sonne in Strom verwandelt werden.

## LEBEN AN BORD DER ISS

Es gibt immer etwas zu tun. Die ISS-Bewohner haben einen streng durchgeplanten Tagesablauf. Alles auf der Station muss ja funktionieren. Manchmal führen sie Wartungs- und Reparaturarbeiten außerhalb der ISS durch. Dafür gibt es eine Luftschleuse und einen großen Roboterarm. In den Arbeitsmodulen experimentieren die Astronauten mit Materialien und erforschen Leben in der Schwerelosigkeit. Versorgungsflüge liefern unter anderem Nahrungsmittel und Post.

### Ständig Tag und Nacht

Die ISS umkreist die Erde in rund 400 Kilometern Höhe. Ein Umlauf dauert ungefähr 90 Minuten, sodass für ISS-Bewohner die Sonne 16-mal in 24 Stunden auf- und untergeht.

## DIE ISS VON INNEN

Die ISS besteht aus Wohn- und Arbeitsmodulen. Ganz wichtig: Lebenserhaltungssysteme, damit die Bewohner auf der Station bleiben können. Natürlich gibt es eine Küche. Trainingsgeräte dienen der körperlichen Fitness. An einem großen Aussichtsfenster können die Bewohner die Erde beobachten.

# SATELLITEN, TELESKOPE & CO.

## WIE VIELE AKTIV GENUTZTE SATELLITEN GIBT ES?

1957 war Sputnik 1 der erste Satellit in einer Erdumlaufbahn. Aber rasch folgten viele weitere. 1970 waren es noch rund 400 Erdsatelliten; im Jahr 2022 rund 6300.

## Wie schnell ist so ein Satellit?

Erdnahe Satelliten bewegen sich mit knapp 8 Kilometern pro Sekunde. Das entspricht fast 30.000 Kilometern pro Stunde!

## Was ist die geostationäre Bahn?

In einer Höhe von ungefähr 36.000 Kilometern stimmt die Umlaufzeit eines Satelliten mit der Rotationsdauer der Erde überein. Der Satellit scheint deshalb immer über dem gleichen Punkt auf der Erde stillzustehen.

## UND WOFÜR SATELLITEN?

Satelliten haben ganz unterschiedliche Funktionen. Wir benutzen sie, um die Erde zu beobachten. So lässt sich das Wettergeschehen verfolgen und vorhersagen. Oder Erdforscher studieren die Beschaffenheit der Oberfläche, zum Beispiel Veränderungen in den Meeren oder Vulkane. Es gibt auch Satelliten für die Navigation, damit beispielsweise Schiffe, Flugzeuge oder auch Menschen mit ihrem Handy auf der Erde den Weg finden. Mit Kommunikations- und Nachrichtensatelliten können wir über große Entfernungen hinweg miteinander telefonieren oder E-Mails austauschen. Schließlich nutzt auch das Militär Satelliten, zum Beispiel um andere Länder mit Kameras aus dem Weltraum auszuspionieren.

## TELESKOPE IM WELTALL

Wissenschaftler benutzen Forschungssatelliten, um im Weltall Experimente oder Messungen durchzuführen. Etwas ganz Besonderes sind Weltraumteleskope. Warum dieser Aufwand? Nun, außerhalb der Erdatmosphäre gibt es keine Luft. Damit gibt es auch keine Winde oder Turbulenzen, die normale, erdgebundene Aufnahmen „verschmieren" und unscharf machen. Ein Weltraumteleskop wie Hubble kann deshalb gestochen scharfe Fotos von Himmelsobjekten machen. Es ist seit 1993 im All und eines der wichtigsten und erfolgreichsten Instrumente der Astronomie!

## PROBLEM WELTRAUMMÜLL

Rund 600.000 Objekte, die größer als ein Zentimeter sind, tummeln sich in Umlaufbahnen um die Erde. Dazu gehören ausgebrannte Raketenstufen und Kleinteile. Die größten von ihnen werden mit Teleskopen und Radar ständig beobachtet, weil ein Zusammenstoß mit Satelliten eine große Gefahr darstellt. Allerdings sind Zusammenstöße zwischen größeren Satelliten sehr selten.

## Mein Name lautet ...

Wie hieß die erste Frau im Weltraum? Setze die Silben in der richtigen Reihenfolge zusammen.

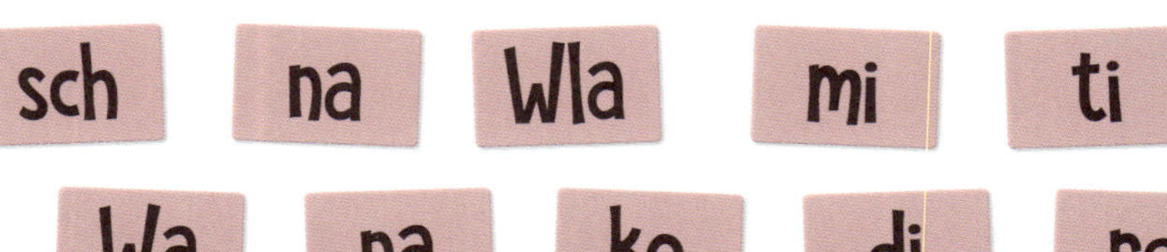


Wa na ko di re

row len Te wa

______________________ ______________________

________________________________________

## Wer ist wer?

Ordne die Aussage dem richtigen Astronauten zu.

1. Ich war zuerst auf dem Mond.
2. Ich war der zweite Mann auf dem Mond.
3. Ich bin mit zum Mond geflogen, habe aber nie einen Schritt auf seine Oberfläche gesetzt.

Alexander Gerst

Michael Collins

Neil Armstrong

Juri Gagarin

Buzz Aldrin

4. Ich bin ein sehr bekannter deutscher Astronaut.
5. Ich war der erste Astronaut der Welt.

# Mache die Rakete startklar!

In diesem Bild fehlen einige Teile. Klebe die Sticker an den richtigen Stellen ein und vervollständige so die Rakete!

# GIBT ES AUSSERIRDISCHE?

## LEBEN AUSSERHALB DES SONNENSYSTEMS

Bestimmt hast du schon einmal den klaren Nachthimmel betrachtet und einige der vielen tausend Sterne gesehen. Hast du dich nicht auch gefragt, ob vielleicht ein Mädchen oder ein Junge viele Lichtjahre entfernt in einem anderen Sonnensystem auch gerade das Universum bestaunt?

## WIE SEHEN ALIENS AUS?

Gibt es bei den Außerirdischen überhaupt Jungen und Mädchen? Vielleicht haben Außerirdische zehn Arme und drei Köpfe, weil das auf ihrem Planeten viel praktischer ist. Vieles spricht dafür, dass Aliens uns ähneln: Sie brauchen Augen, um das Licht ihres Heimatgestirns zu sehen. Sie benötigen Ohren, um die Schallschwingungen in der Gashülle ihres Heimatplaneten zu hören. Sie brauchen ein Atmungssystem und einen Blutkreislauf, um Gase aus ihrer Umgebung aufzunehmen und im Körper zu verteilen. Außerdem wäre ein Verdauungsapparat ganz gut, um Nahrung und damit Energie aufzunehmen.

### Vielfalt des Lebens

Es gibt unheimlich viele unterschiedliche Lebewesen auf der Erde: Bakterien, Fische, Amphibien, Land- und Wirbeltiere, Vögel und Menschen. Manche von ihnen sehen schon aus wie Aliens, oder?

## URSPRUNG VON KOHLENSTOFF, SAUERSTOFF, EISEN & CO.

Leben konnte überhaupt erst ein paar Milliarden Jahre nach dem Urknall entstehen. Der Grund: Erst dann gab es eine große Vielfalt chemischer Elemente, die wir in Lebewesen finden. Kurz nach der „Geburt" des Universums im Urknall vor 13,8 Milliarden Jahren war der Kosmos extrem heiß. Dabei bildeten sich die zwei leichtesten chemischen Elemente: Wasserstoff und Helium. Einige 100 Millionen Jahre später formten sich die ersten Sterne. In deren Innerem entstanden nach und nach Elemente wie Kohlen-, Sauer- oder Stickstoff. Die schwersten Elemente wie Gold, Blei oder Uran entstehen nur in Sternexplosionen.

## UNSERE SONNE IST GENAU RICHTIG

Auch das Heimatgestirn darf nicht zu leicht und nicht zu schwer sein. Ein Stern mit großer Masse ist sehr kurzlebig und explodiert relativ schnell. Er wird nicht alt genug, dass sich in seiner Nähe Leben entwickeln könnte. Ein Stern mit kleiner Masse ist zwar sehr langlebig, aber er wird nicht warm genug. Planeten in seiner Nähe würden außerdem die Gashülle verlieren.

### Verrückt, ich war vorher in einem Stern!

Das schwerste Element, das Sterne im Innern „verschmelzen" können, ist Eisen. Es fließt in unserem Blut.

## IDEAL: EIN WASSERPLANET

Wie du weißt, gibt es nur auf einem Planeten im Sonnensystem Leben. Die Erde hat genau den richtigen Abstand zur Sonne, damit Wasser an der Oberfläche flüssig ist. Näher an der Sonne würde es verdampfen und weiter draußen gefrieren. Leben benötigt flüssiges Wasser. Wir Menschen bestehen zum größten Teil daraus.

## GIBT ES MARSMENSCHEN?

1877 entdeckte der Italiener Giovanni Schiaparelli die „Marskanäle". Die länglichen Strukturen hielt man für künstliche Bauwerke von Marsmenschen. Erst als Raumsonden in den 1960er-Jahren nah am Mars vorbeiflogen und ihn fotografierten, war klar: Da ist niemand.

Unser Nachbarplanet Mars – gibt es dort Leben?

## AUCH EINE GASHÜLLE WÄRE PRIMA

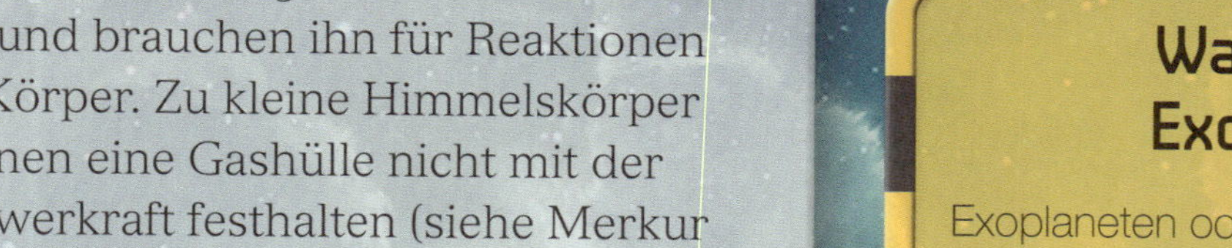

Die Erde hat außerdem eine Lufthülle. Der darin enthaltene Sauerstoff wird von Pflanzen hergestellt. Wir atmen ihn und brauchen ihn für Reaktionen im Körper. Zu kleine Himmelskörper können eine Gashülle nicht mit der Schwerkraft festhalten (siehe Merkur oder Erdmond). Bei massereichen Planeten wird die Schwerkraft so groß, dass Lebewesen „platt gedrückt" würden. Unsere Erde ist genau richtig.

## Was ist ein Exoplanet?

Exoplaneten oder extrasolare Planeten sind alle Planeten außerhalb des Sonnensystems. Im Frühjar 2017 waren rund 3600 Exoplaneten bekannt – und es werden immer mehr.

## WIE SAG ICH'S EINEM ALIEN?

Nichts ist schneller als Licht, aber es benötigt für seinen Weg von Sternen bis zu uns Jahre. Licht ist eine Form elektromagnetischer Wellen. Es gibt davon auch solche, die du nicht sehen kannst: Gamma-, Röntgen-, Ultraviolett- und Infrarotstrahlung.
Auch Radiowellen. Sie eignen sich gut, um sie zu Aliens zu schicken, weil sie auf ihrem Weg kaum abgeschwächt werden.

## NACHRICHT VON EINEM PROXIMAJANER

Stell dir vor, es gäbe intelligente Aliens auf Proxima Centauri. Nun schickst du ihnen mit deinem Handy eine Funkwellen-Botschaft. Die Wellen wären von der Erde nach Proxima 4,3 Jahre lang unterwegs, weil sie genauso schnell sind wie Licht. Dann antwortet ein Proximajaner auf deine Nachricht. Natürlich dauert seine Antwort auch wieder 4,3 Jahre. Du würdest also fast neun Jahre auf die Antwort warten müssen!

## WAS WÜRDEST DU EINEM ALIEN SAGEN?

Die Mathematik ist die universelle Sprache des Universums, die auch intelligente Aliens verstehen müssten. Um zu zeigen, dass es die Menschheit draufhat, sollten wir eine mathematische Botschaft schicken, zum Beispiel den Satz des Pythagoras oder die Zahl Pi.

## Gibt's nun Aliens oder nicht?

Noch wissen wir nicht, ob es außerirdisches intelligentes Leben gibt. Aber die Astronomen suchen weiter danach mit immer größeren und besseren Teleskopen.

# SCHWARZE LÖCHER

## WARUM SCHWARZ?

Schwarze Löcher sind das Faszinierendste und Rätselhafteste, was das Universum zu bieten hat. Ihre Schwärze kommt daher, weil sie eine so starke Schwerkraft haben, dass sie sogar Licht festhalten können. Wenn das Licht von einem Objekt jedoch nicht entkommt, sieht es schwarz aus.

## Gravitation ist keine Schwerkraft

Im Jahr 1915 fand das Physikgenie Albert Einstein heraus, dass man Gravitation nicht unbedingt als Schwerkraft verstehen muss. Er erfand etwas Neues und Besseres: die Allgemeine Relativitätstheorie. Was das genau ist, kannst du in Büchern und im Internet nachlesen.

## SCHWERE STERNE WERDEN ZU LÖCHERN

Schwarze Löcher sind wahnsinnig kompakt: Wenn die gesamte Erdmasse in einer Murmel zusammengequetscht wäre, wäre sie auch ein Schwarzes Loch. Schwarze Löcher entstehen aus Sternen. Wenn ein Stern achtmal schwerer ist als die Sonne, wird das Innere des Sterns am Ende seiner Entwicklung zusammengepresst. Die superkompakte Materie verwandelt sich dann in einen Neutronenstern oder ein Schwarzes Loch. Die Astronomen haben schon viele Objekte gefunden, bei denen sie sicher sind, dass es Schwarze Löcher sind.

### Gezeitenkräfte XXL

Es sind übrigens dieselben Kräfte wie bei Ebbe und Flut, die in der Nähe eines Schwarzen Lochs wirken – nur viel, viel stärker!

## AUA, DAS GEHT NICHT GUT AUS!

Stell dir vor, ein mutiger (oder lebensmüder?) Astronaut würde mit den Füßen voran in ein Schwarzes Loch hineinspringen. Was würde passieren? Im freien Fall wird er immer schneller. Bei der Annäherung an das Loch zieht irgendwann die Schwerkraft mehr an den Füßen als am Kopf. Und dann? Klar, der Astronaut wird auseinandergezogen – „spaghettisiert", wie man sagt. Irgendwann sind die Kräfte so enorm groß, dass der Astronaut zerrissen wird.

## GEGRILLT AM SCHWARZEN LOCH

Beim Sturz in ein Schwarzes Loch verändert sich auch das Licht. Vor Ort würde es heller und blauer werden. Der Astronaut würde nicht nur zerrissen, sondern auch gegrillt werden. Kein schönes Ende!

## DIE GRÖSSTEN GRAVITATIONSMONSTER

Die Masse Schwarzer Löcher wächst, indem sie Materie und Licht verschlucken. Große Schwarze Löcher befinden sich in den Zentren von Galaxien. In unserer Milchstraße sitzt eines mit vier Millionen Sonnenmassen. Die schwersten Löcher erreichen sogar zehnmilliardenmal die Masse der Sonne!

# DUNKLE MATERIE

## AUFBAU DER GEWÖHNLICHEN MATERIE

Wenn du dich umschaust, entdeckst du überall normale Materie: Sie steckt im Tisch, im Stuhl, in der Wand, sogar in dir selbst – überall. Sie besteht aus winzigen elektrisch neutralen Teilchen: den Atomen. Im 20. Jahrhundert haben Physiker herausgefunden, dass die Atome aus weiteren Bausteinen bestehen. Diese Elementarteilchen fasst man unter den Namen Quarks und Leptonen zusammen. Kleiner geht es nicht.

## ANTIMATERIE GIBT'S WIRKLICH!

Jedes Teilchen hat einen Partner, das Antiteilchen. Die beiden haben entgegengesetzte elektrische Ladungen. Das Elektron ist elektrisch negativ. Sein Antiteilchen, das Positron, ist elektrisch positiv geladen. Ein Proton ist elektrisch positiv, aber das Antiproton elektrisch negativ geladen. Forscher haben sogar ein „Anti-Atom" hergestellt. Dieser Antiwasserstoff zerfiel aber schon nach kurzer Zeit.

### Quark – ein lustiger Teilchenname

Die Teilchenphysiker haben sechs Quarks entdeckt. Sie bilden in Zweier- oder Dreiergruppen zusammengesetzte Teilchen. Protonen und Neutronen, Teilchen im Atomkern, bestehen zum Beispiel aus jeweils drei Quarks.

## Lepton

Das bekannteste Lepton ist das elektrisch negativ geladene Elektron. Es umkreist den Atomkern und erklärt chemische Bindungen zu Molekülen.



## WAS GANZ NEUES: DUNKLE MATERIE

Das ist aber offenbar nicht alles! In den 1930er-Jahren fanden Astronomen Hinweise auf eine vollkommen neue Materieform. Das Krasse: Sie ist unsichtbar und macht sich nur über ihre Schwerkraftwirkung bemerkbar. Diese Dunkle Materie ist sogar fünfmal mehr vorhanden als die normale vertraute Materie.

## WAS MACHT DUNKLE MATERIE?

Dunkle Materie befindet sich überall in der Milchstraße – sehr wahrscheinlich auch in uns! Aber es ist unheimlich schwierig, sie zu entdecken. Dunkle Materie beschleunigt die Bewegung der Sterne in den Spiralgalaxien. Sie hält auch die großen Galaxienhaufen zusammen (siehe großes Hintergrundbild) – ohne Dunkle Materie würden sie auseinanderfliegen.

## ABER WORAUS BESTEHT SIE?

Das weiß keiner. Es gibt natürlich ein paar Vermutungen, aber nun sind die experimentellen Physiker gefragt. Sie bauen viele verschiedene Experimente auf und hoffen, dass sie bald ein Dunkle-Materie-Teilchen fangen.

## Neue Teilchenphysik

Die Physiker entwickeln die Naturwissenschaften ständig weiter. Sie möchten die Beobachtungen in der Natur schlüssig erklären und Geheimnisse lüften. Manchmal müssen sie eine alte Theorie durch eine neue ersetzen.

# DER URKNALL

## DER ANFANG VON ALLEM

Das Universum ist riesig und das Größte, was wir kennen. Vor gut 100 Jahren dachte man: Das Universum ist ewig und war schon immer da. Pustekuchen! Mittlerweile weiß man, dass es eine Art Geburt des Universums aus einem winzigen und sehr heißen Zustand heraus gab. Das war der Urknall. Er soll vor 13,8 Milliarden Jahren stattgefunden haben.

## URSPRUNG VON TEILCHEN, KRÄFTEN, ATOMEN

In den ersten Sekundenbruchteilen und Minuten bildeten sich die Bausteine der Materie, Quarks und Leptonen sowie die Kräfte zwischen ihnen. Das Universum dehnte sich nach dem Urknall aus und kühlte dabei ab. So konnten sich die Bausteine miteinander verbinden. Wenige Minuten nach dem Urknall gab es schon die leichtesten Atome: Wasserstoff und Helium.

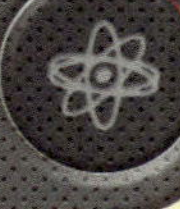

## WIE GING'S WEITER?

Die Urmaterie kühlte weiter ab. Schließlich formte die Schwerkraft aus der Materie die ersten Klumpen. Diese konnten noch besser andere Klumpen anziehen. Es „verklumpte" immer mehr. So entstanden die ersten Sterne und Galaxien.

### Big Bang, der Urknall

1949 wurde vom Kosmologen Fred Hoyle der Begriff „Big Bang" (eigentlich: der große Knall) erfunden. Witzig: Er hatte das eigentlich als Schimpfwort benutzt, weil er eine eigene Theorie hatte.

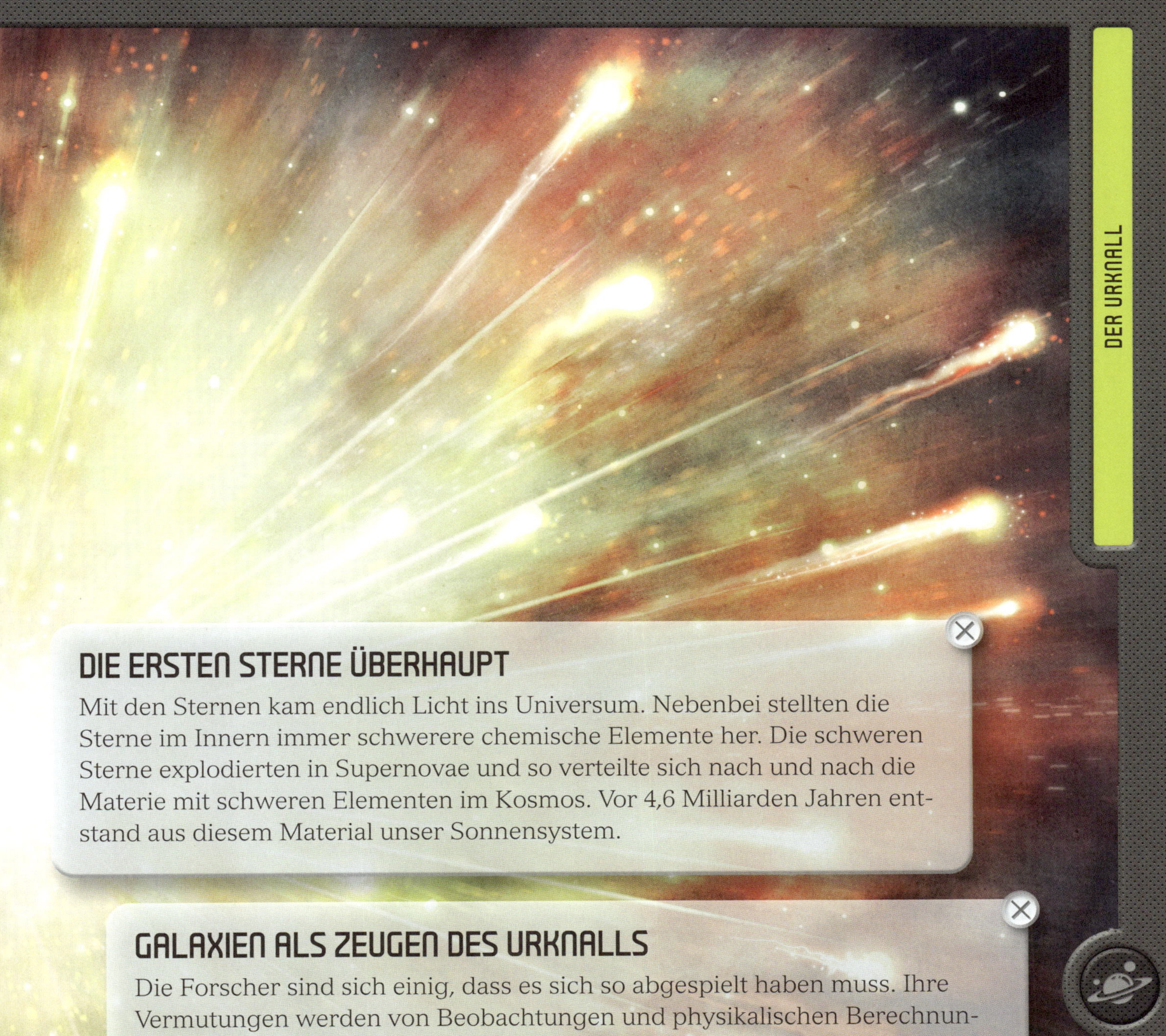

## DIE ERSTEN STERNE ÜBERHAUPT

Mit den Sternen kam endlich Licht ins Universum. Nebenbei stellten die Sterne im Innern immer schwerere chemische Elemente her. Die schweren Sterne explodierten in Supernovae und so verteilte sich nach und nach die Materie mit schweren Elementen im Kosmos. Vor 4,6 Milliarden Jahren entstand aus diesem Material unser Sonnensystem.

## GALAXIEN ALS ZEUGEN DES URKNALLS

Die Forscher sind sich einig, dass es sich so abgespielt haben muss. Ihre Vermutungen werden von Beobachtungen und physikalischen Berechnungen gestützt. In den 1920er-Jahren entdeckten Astronomen, dass sehr weit entfernte Galaxien ohne Ausnahme von uns wegfliegen. Diese „Fluchtbewegung“ deutet darauf hin, dass in der Vergangenheit des Kosmos alles näher beisammen war: im Urknall.

## NOCH EIN ZEUGE: DIE ÄLTESTE STRAHLUNG

In den 1960er-Jahren entdeckten Radioastronomen zufällig eine Strahlung, die aus allen Himmelsrichtungen zur Erde kommt: die kosmische Hintergrundstrahlung. Sie wurde kurz nach dem Urknall von dem Wasserstoff-Helium-Gasgemisch losgeschickt und ist heute noch beobachtbar!

## Löcher im Text

Fülle die fehlenden Stellen im Text mit dem richtigen Sticker auf.

**Das Faszinierendste und Rätselhafteste, was das Universum zu bieten hat, sind _____ . Sie haben eine so starke Schwerkraft, dass sie sogar _____ festhalten können. Daher kommt ihre Schwärze. Schwarze Löcher entstehen aus _____ . Ist ein Stern achtmal schwerer als die _____ , wird das Innere des Sterns zu einer superkompakten Materie zusammengepresst. Schwarze Löcher befinden sich in den Zentren von _____ . Sie wachsen, indem sie Materie und Licht verschlingen.**

## Botschaft entschlüsseln

Was sagt das Alien? Entschlüssele, was es dir mitteilen möchte.

Aiacaha amaaaga
Akaeakasaea!
Adava aaavacaha?

______________________________

______________________________

# Verbinde richtig!

Hilf den Aliens, auf ihre Heimatplaneten zurückzukehren. Wer wohnt wo?

# Labyrinth

Alle Rätsel sind gelöst! Es ist Zeit, den Weltraum zu verlassen und nach Hause zu gehen.
Findest du den Weg nach draußen?

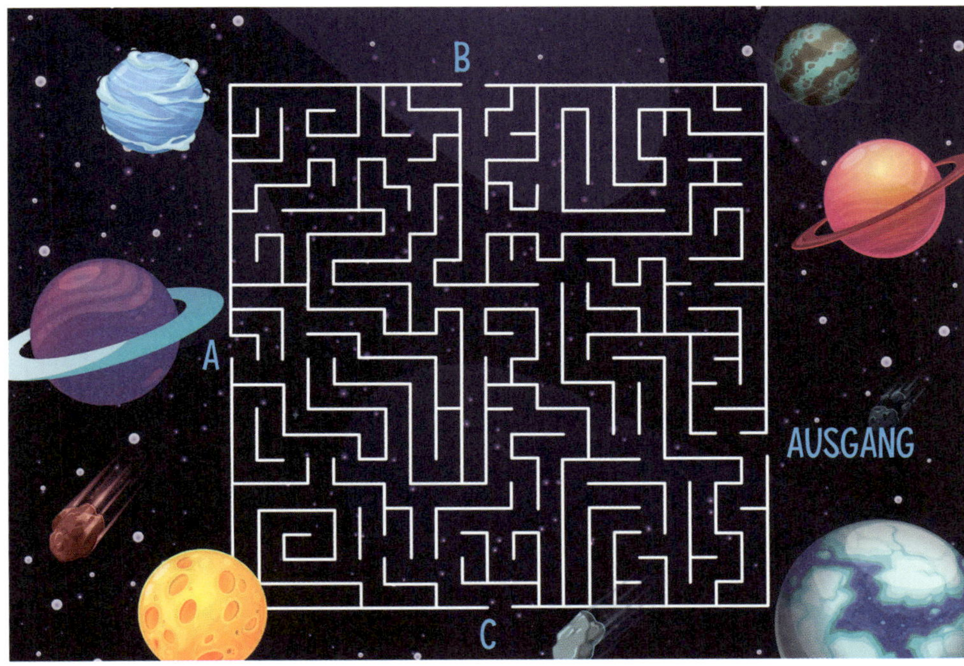

# 3 ... 2 ... 1 ... RAKETENSTART!

Du bist jetzt Raketentechniker und baust mit einfachen Haushaltsgegenständen eine echt coole Spielzeug-Rakete. Sie saust an einer langen Schnur durch dein Zimmer. Damit die Rakete sehr schnell werden kann, ist sie an einem Strohhalm befestigt, der auf einer Schnur gleitet. Es gibt dabei kaum Reibung, sodass die Post richtig abgeht!

## WARUM FUNKTIONIERT DAS SO?

Deine Rakete mit dem Luftballon-Antrieb funktioniert genauso wie eine echte Rakete. Das Rückstoßprinzip beruht auf einem physikalischen Naturgesetz, dem Erhaltungssatz für den Impuls. Impuls nennen die Physiker das Ergebnis, wenn man die Masse mit der Geschwindigkeit malnimmt.

## DAZU BRAUCHST DU:

- ✔ einen Luftballon
- ✔ eine dünne, 3 bis 6 Meter lange Schnur
- ✔ einen Strohhalm (am besten ohne Knick)
- ✔ Klebeband
- ✔ eine Spielzeug-Rakete oder einen Spielzeug-Astronaut (optional)

## SO GEHT'S:

1. Stecke eine dünne, 3 bis 6 Meter lange Schnur in einen Strohhalm, bis sie am anderen Ende wieder herauskommt.
2. Verknote oder klebe nun beide Enden der Schnur an fest stehenden, schweren Gegenständen, zum Beispiel an einem Schrank oder am Scharnier einer Tür. Achte darauf, dass die Schnur gut gespannt ist. Du kannst sie waagerecht (empfohlen), schräg oder senkrecht spannen.
3. Mache einen Luftballon am Strohhalm mit Klebebändern fest, sodass er noch aufgeblasen werden kann.
4. Befestige am Halm zum Beispiel auch noch einen Spielzeug-Astronauten. Jetzt geht's endlich los! Luftballon aufblasen, Countdown zählen: „10, 9, 8, 7, 6, 5, 4, 3, 2, 1 – Raketenstart!" und loslassen!

### Lieber ein Raketenauto?

Du kannst deine Rakete auch in ein Raketenauto umbauen. Befestige dazu den Luftballon an einem Modellauto.

# MONDPHASEN-DAUMENKINO

Der Mond verändert seine Gestalt. Bei Neumond siehst du ihn gar nicht, weil er zwischen Sonne und Erde steht. Danach sieht der Mond aus wie eine Sichel – ein spiegelverkehrtes C. Sie wird von Tag zu Tag immer dicker. Es folgen Halbmond und Vollmond. Dann nimmt der Mond wieder ab, das heißt an seiner rechten Seite verdunkelt er sich immer mehr. Schließlich gibt es wieder einen Halbmond und eine Sichel in C-Form. Sie verschwindet, weil wieder Neumond ist. Das sind die Mondphasen.

## DAZU BRAUCHST DU:

- ✔ 16 rechteckige, gleich große Karten aus dickerem Papier (Karton), etwa 8 Zentimeter mal 5 Zentimeter groß
- ✔ einen Zirkel
- ✔ einen schwarzen Stift oder Bleistift
- ✔ Kleber oder Gummi- oder Klebeband

### Der Mondphasen-Zyklus

Von Neumond auf Neumond dauert es 29,5 Tage. Das ist fast so lange wie ein Monat. Der Name „Monat" leitet sich auch vom Mond ab.

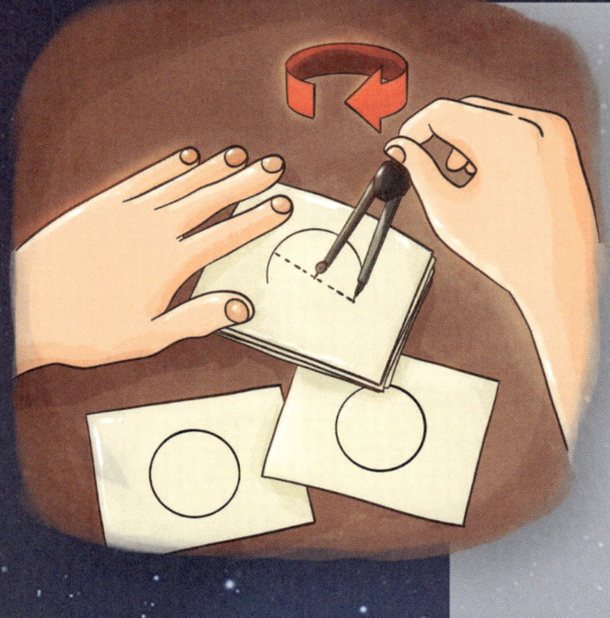

## SO GEHT'S:

1. Zeichne auf jeder Karte genau in der Mitte mit dem Zirkel einen Kreis mit 1 oder 1,5 Zentimeter Radius.
2. Auf zwei Karten malst du den Kreis komplett schwarz aus. Das sind die Neumond-Karten. Eine davon kommt in deinem Kartenstapel ganz nach oben, die andere ganz nach unten. Bei der Vollmond-Karte malst du den Kreis gar nicht aus. Die anderen Kreise malst du schwarz aus, und zwar so, dass die helle Sichel am Anfang rechts ist und immer dicker wird (S. 23).
3. Sortiere die Karten in der richtigen Reihenfolge: von Neumond über zunehmender Mond und Vollmond, abnehmender Mond bis Neumond.
4. Verklebe die Karten miteinander. Du kannst den Stapel auch mit einem Gummi- oder Klebeband an der linken Seite fest zusammenklammern.
5. Los geht's! Halte dein Daumenkino an der verklebten Stelle gut fest und blättere es rasch mit dem Daumen durch.

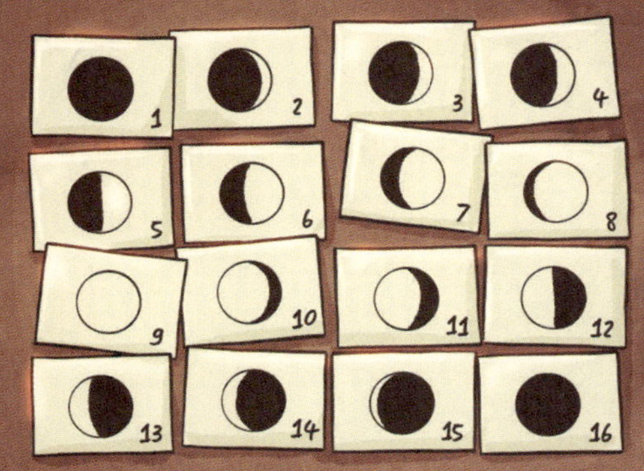

### Die allererste Karte

Du kannst auch eine Titelkarte anfertigen, auf der „Mondphasen-Daumenkino" steht. Sie kommt natürlich im Stapel ganz nach oben.

# DAS SONNENSYSTEM IN DEINEM ZIMMER

Das Sonnensystem besteht aus der Sonne und den acht Planeten Merkur, Venus, Erde, Mars, Jupiter, Saturn, Uranus und Neptun. Hier kannst du dir ein Sonnensystem für dein Zimmer basteln. Es veranschaulicht sehr gut die Größenverhältnisse und sieht richtig schick aus.

## DAZU BRAUCHST DU:

- ✔ einen Bogen Papier (DIN A0)
- ✔ einen weiteren Bogen Papier (DIN A0), wenn du Saturns Ring mitbasteln möchtest
- ✔ Zirkel
- ✔ Stift
- ✔ eine etwas mehr als 3 Meter lange Schnur
- ✔ eine Schere
- ✔ einen Locher
- ✔ Lineal oder Metermaß
- ✔ Fotos von echten Planeten (wenn möglich)

### Echte Planetenfotos

Du findest Bilder der echten Planeten im Internet bei der NASA. Drucke dir die Bilder in der richtigen Größe aus. Dann sieht es richtig echt aus!

## SO GEHT'S:

1. Zeichne neun Kreise auf das Papier mit den Radien wie in der zweiten Spalte in der Tabelle angegeben. Die Sonne ist so groß, dass dein Zirkel nicht ausreichen wird. Lass dir von einem Erwachsenen dabei helfen!
2. Da Saturn einen von der Erde aus gut sichtbaren Ring hat, kannst du diesen auch mit aufmalen. Sein Außenradius beträgt 42,8 Zentimeter und sein Innenradius 6 Zentimeter.
3. Schneide die Kreise und Saturns Ring sorgfältig aus und schreibe in den Kreis den zugehörigen Planetennamen.
4. Stanze mit dem Locher in jeden Kreis ein Loch am oberen Rand. Suche einen geeigneten Platz für dein Sonnensystem-Modell und befestige dort eine Schnur an beiden Enden.
5. Fädele die Sonne und die Planeten in der richtigen Reihenfolge mithilfe der Löcher auf die Schnur. Stelle den richtigen Abstand der „Planetenscheiben“ ein. Beginnend von der Sonne haben die Scheiben den in der dritten Tabellenspalte angegebenen Abstand. Verwende dazu ein Lineal oder Maßband.
6. Fertig ist dein eigenes Sonnensystem!

| Himmelskörper | Radius (Zentimeter) | Abstand (Zentimeter) |
|---|---|---|
| Sonne | 65 | 0 |
| Merkur | 0,25 | 4 |
| Venus | 0,55 | 7 |
| Erde | 0,6 | 10 |
| Mars | 0,3 | 15 |
| Jupiter | 6,45 | 52 |
| Saturn | 5,35 | 96 |
| Uranus | 2,35 | 192 |
| Neptun | 2,3 | 301 |

### Maßstäbe

Du kannst mit verschiedenen Maßstäben experimentieren. Hier entspricht eine Astronomische Einheit 10 Zentimetern (1:15.000.000.000.000) im Abstandsmaßstab. Die Planetengrößen haben einen Maßstab von 1:1.200.000.000.

# BESUCH AUS DEM ALL

Außerirdische sehen sehr wahrscheinlich etwas anders aus als Menschen. Aber bestimmt haben sie auch einen Kopf mit Augen und Ohren sowie Arme und Beine. Hier kannst du dir deinen Alien ausdenken und mit Knete in 3D basteln. Natürlich kannst du dir ein passendes Alien-Raumschiff, eine ganze Alien-Familie und ein Alien-Haus dazu ausdenken. Deiner Fantasie sind keine Grenzen gesetzt!

## DAZU BRAUCHST DU:

- ✔ Knete
- ✔ Zubehör aus Plastik oder Pappe

### Selfie mit Alien

Dein Kunstwerk muss für die Ewigkeit dokumentiert werden. Platziere deine Knetfiguren und mache ein Selfie: „Ich und mein Alien!"

## SO GEHT'S:

1. Schnapp dir die Knete und leg los. Starte mit dem Außerirdischen. Ist er wunderschön oder hässlich-eklig?
2. Du kannst aus Plastik oder Pappe deinem Alien noch Zubehör geben, zum Beispiel eine furchterregende Alien-Waffe oder einen schicken Helm oder ein High-Tech-Gerät zum Beamen.
3. Alles klar, und jetzt? Ach ja, jetzt kannst du das Alien-Raumschiff, seinen Heimatplaneten oder die Alien-Familie oder ... oder ... kneten.

### Wenn du lieber malst ...

Du kannst deinen fantastischen Alien natürlich auch malen. Papier und Stifte, los geht's!

# Lösungen

## Seite 14
### Kreuzworträtsel

**1.** ANT**A**RKTIS; **2. S**ONNE; **3.** MILCHS**T**RASSE; **4.** ME**R**KUR; **5.** M**O**NDPHASEN; **6.** EI**N**ZELLER; **7.** M**O**FI; **8.** KOS**M**OS; **9.** D**I**NOSAURIER; **10. E**RDE

**Lösungswort:** ASTRONOMIE

## Seite 15
### Wahr oder falsch?

**1.** Krater wahr; **2.** Regen falsch; **3.** Mondauto wahr; **4.** Wolken falsch; **5.** Meere falsch

### Schau genau!

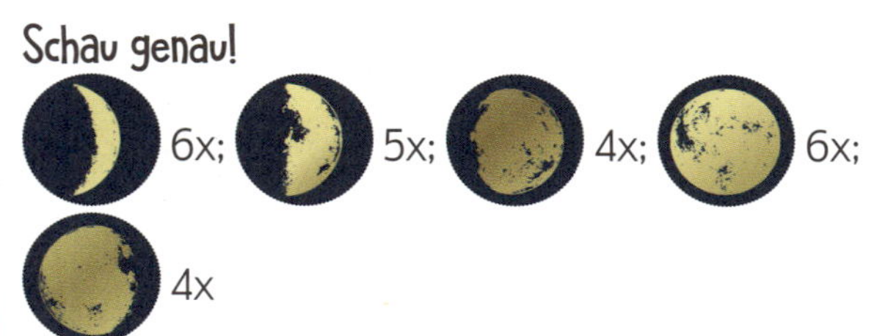


## Seite 22
### Weit, weiter, am weitesten

### Suchsel

| | | | | | | | | | | | | | | | | |
|---|---|---|---|---|---|---|---|---|---|---|---|---|---|---|---|---|
| E | S | C | H | W | E | R | K | R | A | F | T | C | E | B | N | M |
| G | H | T | K | T | C | H | O | M | N | K | I | E | N | A | S | A |
| E | J | R | T | R | V | S | M | O | N | D | R | T | U | B | G | S |
| S | U | N | M | H | D | C | E | I | B | P | T | R | C | H | S | S |
| U | P | M | J | N | L | I | T | H | M | E | R | K | U | R | L | E |
| N | I | D | R | E | D | P | L | N | A | D | P | I | L | A | J | U |
| D | T | C | G | P | X | A | S | T | E | R | O | I | D | E | Z | R |
| V | E | N | U | S | S | A | N | T | E | L | F | T | T | F | T | K |
| I | R | Q | U | E | Z | W | E | R | G | P | L | A | N | E | T | Y |

## Seite 23
### Die Jupitermonde

**1.** GANYMED; **2.** KALLISTO; **3.** EUROPA; **4.** IO

## Seite 28
### Lückentext

Die Sonne ist der wichtigste **Himmelskörper** für uns. Sie spendet Licht und **Wärme**. Ohne sie könnten wir auf der **Erde** nicht leben. Ihre Bedeutung erkennst du auch daran, dass unser **Sonnensystem** nach ihr benannt ist. Im Gegensatz zur Erde ist sie kein **Planet**, sondern ein Stern. Sie leuchtet aus sich heraus, während die Planeten und **Monde** das Sonnenlicht nur zurückwerfen. Ihr Licht benötigt bis zur Erde ungefähr acht **Minuten**. In dieser Zeit legt es ungefähr 150 Millionen Kilometer zurück. So weit ist die **Sonne** von der Erde entfernt. Sie ist das hellste Objekt am Himmel und eine riesige **Gaskugel**. Das Gas der Sonne setzt sich aus **Wasserstoff** und Helium zusammen. In ihrem Inneren herrschen Temperaturen von rund 15 **Millionen** Grad Celsius. An der Oberfläche ist es mit 6000 Grad Celsius wesentlich **kühler**.

### Der einzelne Stern

## Seite 29
### Bunte Sterne

Kalter Stern = **rot**; Warmer Stern = **orange / gelb**; Heißer Stern = **blau / weiß**

### Wer bin ich?

**1., 10., 11.** Stern; **2., 5., 9.** Planet; **3., 4., 6., 7., 8.** Mond

### Seite 38
### Welcher Himmelskörper ist gesucht?

**1.** Komet ; **2.** Asteroiden ;

**3.** Asteroid Gaspra ; **4.** Meteoroid ;

**5.** Meteor ; **6.** Meteorstrom ;

**7.** Meteorit

### Was ist korrekt?

**1.** Ein **Sternschnuppenschwarm** wird immer nach dem Sternbild benannt, aus dem er kommt.
**2.** **Meteorite** kann man in Planetarien kaufen.
**3.** Kometen sind nur wenige **Kilometer** groß.
**4.** Mathilde und Ida sind die Namen von **Asteroiden**.
**5.** **Zwergplaneten** sind rund.
**6.** Sternschnuppen kommen von einem **Kometen**.

### Seite 39
### Sudoku

### Seite 48
### Mein Name lautet …

Walentina Wladimirowna Tereschkowa

### Wer ist wer?

**1.** Neil Armstrong; **2.** Buzz Aldrin;
**3.** Michael Collins; **4.** Alexander Gerst;
**5.** Juri Gagarin

### Seite 49
### Mache die Rakete startklar!

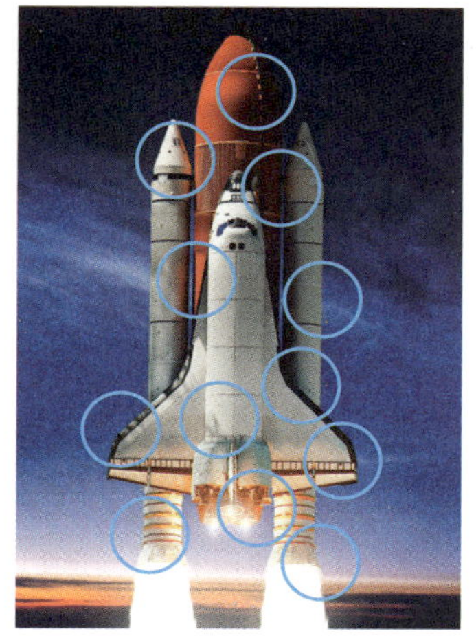

### Seite 60
### Löcher im Text

Schwarze Löcher; Licht;

Sternen; Sonne; Galaxien 

### Botschaft entschlüsseln

Der Anfangsbuchstabe und jeweils jeder zweite Buchstabe muss weggestrichen werden = **Ich mag Kekse! Du auch?**

### Seite 61
### Verbinde richtig!

### Labyrinth

# REGISTER